Nora Kircher • Gut leben mit Histaminintoleranz

Nora Kircher

Gut leben mit Histaminintoleranz

Ganzheitliche Behandlung, Alternativen, über 200 Rezepte und viele praktische Tipps

Edition GesundheitsSchmiede

MIX
Papier aus verantwortungsvollen Quellen
FSC® C014138
www.fsc.org

2. Auflage

Vertrieb: Hädecke Verlag GmbH & Co. KG, 71263 Weil der Stadt

Die Ratschläge in diesem Buch wurden von der Autorin und den Herausgebern sorgfältig geprüft, dennoch kann eine Garantie nicht übernommen werden. Alle Informationen ersetzen in keinem Fall den Rat und die Hilfe eines Arztes oder Therapeuten. Eine Haftung der Autorin bzw. der Herausgeber und ihrer Beauftragten für Personen-, Sach- und Vermögensschäden ist ausgeschlossen.

Ein verlagsneues Buch bekommt man in Deutschland und Österreich überall zum selben Preis. Die kulturelle Vielfalt wird durch die gesetzliche Preisbindung geschützt. Auf dem Land und in der Stadt, im Internet und in jeder Buchhandlung gilt der gebundene Ladenpreis.

Umschlaggestaltung: Antje Jaruschewski, Oldenburg
Titelbild, groß: www.istockphoto.com, sarsmis
Titelbild, klein: www.bigstockphoto.de, dolgachov
Satz: Arnold & Domnick, Verlagsproduktion, Leipzig
Printed in EU 2016

ISBN 978-3-7750-0718-4

Inhaltsverzeichnis

Vorwort

Seit über 30 Jahren weiß ich nun, dass ich sehr viele Lebensmittel nicht vertragen kann, und seit ich das weiß, ist mein Leben wieder lebenswert. Vorher ging es mir gesundheitlich oft richtig schlecht. Ich wusste nicht, voran es lag, und keine der vielen Untersuchungen führten zu einer Diagnose, der eine Therapie folgen konnte. Der Leidensweg war lang.

Als ich schließlich selbst den Zusammenhang zwischen meiner scheinbar gesunden Ernährung – darauf habe ich schon immer großen Wert gelegt – und meinen Beschwerden erkannt hatte, änderte ich meine Ernährung und wurde sofort gesund. Bis ich aber tatsächlich alle unverträglichen Lebensmittel kannte und mit der neuen Ernährung zurechtkam, vergingen mehr als zwei Jahre.

Mit über 40 Jahren habe ich dann meine Heilpraktikerausbildung gemacht und der Hauptdozent sagte einmal zu mir: „Du hast so viel Energie und Freude am Leben und am Lernen, dass man sich denken kann, dass Dir ein paar Jahre (durch Krankheit) fehlen." Ich habe damals lange darüber nachgedacht und kam zu dem Schluss: Ja, er hat recht, ich hole vieles jetzt nach.

Verzweifeln Sie also nicht, denn Sie werden ganz sicher ein Gespür für die Ernährung entwickeln, die für Sie richtig ist, und das benötigt einfach etwas Zeit. Hören Sie nicht auf die gut gemeinten aber manchmal nervenden Ratschläge anderer. Sie selbst müssen für sich herausfinden, was Ihnen gut tut, und sich dann daran halten. Für viele unverträgliche Lebensmittel werden Sie einen Ersatz finden. Der Verzicht auf das eine oder andere fällt vielleicht zunächst schwer, aber auch das vergeht. Das Wichtigste ist, dass Sie sich wohl fühlen und auch wieder ein lebenswertes Leben führen können.

Dieses Buch soll Ihnen dabei helfen und viele Ideen geben, wie Sie im Alltag zurechtkommen, gut leben und gut essen können.

Liebe Leserinnen, um den Lesefluss des Buches nicht zu stören, habe ich auf die jeweiligen weiblichen Bezeichnungen verzichtet. Ich hoffe, dass Sie dafür Verständnis haben.

Nora Kircher, im Herbst 2015

Einführung

Der Anfang ist schwer

Ich spreche aus eigener Erfahrung, wenn ich Ihnen erkläre, dass der erste Schreck über die Diagnose hart ist. Sie lieben möglicherweise Nudeln mit Tomatensoße oder Pizza und Schokolade ist vielleicht Ihre Lieblingssüßigkeit. Zuerst haben Sie das Gefühl, dass es nichts mehr zu essen und zu naschen für Sie gibt. Das wird sich schnell ändern und Sie werden merken, dass Sie sich durch die intensive Beschäftigung mit der Ernährung viel gesünder ernähren, und das wird Ihnen wahrscheinlich auch Spaß machen. Vor allem, weil Sie sich nach einem möglicherweise jahrelangen Leiden endlich gesund und leistungsstark fühlen.

Eine Darmflorasanierung und die in diesem Buch beschriebenen Therapien geben Ihnen sogar die Aussicht, langfristig wieder mehr Histamin zu vertragen.

Gesellschaftlich stößt man in der heutigen Zeit glücklicherweise nur noch selten auf Unverständnis.

Was Sie machen können, wenn Sie eine Einladung bekommen oder im Urlaub sind, wird in späteren Kapiteln behandelt.

Danke, es geht mir gut

Um zu verhindern, dass beim Essen in Gesellschaft nicht meine Ernährung der Grund für lange Diskussionen über Krankheiten wird, kläre ich vorher mit dem Gastgeber oder dem Lokal ab, was ich essen darf und was nicht. Manchmal, vor allem bei Kaffee und Kuchen oder bei belegten Schnittchen, bringe ich einfach meine eigenen Sachen mit. Meistens bemerkt das niemand.

Ich werde noch heute, nach fast 30 Jahren „Diät", immer mal wieder auf diese angesprochen und bedauert. Ich erkläre sachlich und kurz das Warum, um aufzuklären. Ich erwähne dabei auch immer, dass es mir dank Diät sehr gut geht. Werde ich allerdings wegen des Verzichts stark bedauert, sage ich, dass ich glücklich bin, in einem Land zu leben, in dem niemand hungern muss, und dass es viele Menschen auf der

Welt gibt, die froh wären, wenn sie das zu essen hätten, was ich essen darf. Ich sehe meinen Gesprächspartner dabei freundlich an und habe so jede Diskussion beendet.

Der Name und die Fakten

Das Wort „Histamin“ kommt aus dem Altgriechischen „ιστός“, „Histos“, und heißt „Gewebe“.

Histamin ist ein Gewebshormon, das im gesunden Körper wichtige Funktionen hat. Enzyme sorgen für seinen Abbau.

Bei einer Histaminintoleranz befinden sich entweder im Darm histaminbildende Keime oder es sind nicht genügend Enzyme für den Abbau vorhanden.

Wie die meisten Erkrankungen hat die Histaminintoleranz, wie ich sie hier im Buch nenne, mehrere Namen:

- Histaminintoleranz (Abkürzung HIT)
- Histaminunverträglichkeit
- Histaminose
- Histaminintoleranzsyndrom

Hier eine ganz kurze Erklärung der Histaminintoleranz, die Sie vielleicht einmal benötigen, um jemanden eine kurze Erklärung zu geben:

> Es gibt Lebensmittel, die Histamin enthalten, und es gibt Lebensmittel, die im Körper Histamin bilden. Mir fehlen die Enzyme um das Histamin abzubauen. Es geht mir also deutlich besser, wenn ich keine histaminhaltigen Lebensmittel verzehre.

Basiswissen

Die Verdauung

Für alle, die keine medizinischen Vorkenntnisse haben, möchte ich an dieser Stelle die Verdauung einmal so erklären, dass sie für Laien verständlich ist.

Die Verdauung beginnt schon im Mund, denn durch das Kauen wird Speichel produziert, der für sie hilfreich und wichtig ist.

Im Magen sind diverse „Säfte“ dafür zuständig, einige Nahrungsbestandteile, beispielsweise Vitamine und Mineralien, aufzuspalten. Diese Säfte werden von den empfindlichen Magenwänden produziert und sind sehr säurehaltig, was man bei Sodbrennen zu spüren bekommt oder beim Erbrechen schmeckt. Je nach Fettgehalt der Nahrung bleibt die Nahrung bis zu etwa drei Stunden im Magen und wird dort durch die Magenbewegung zu einem Brei geknetet.

Eine Klappe am Magenausgang lässt nur kleine Portionen in den anschließenden Dünndarm gelangen, der viele Meter lang ist und gewunden im Bauch liegt. Dieser Dünndarm ist in drei Abschnitte aufgeteilt und je näher der Dünndarm oben am Magen liegt, desto wichtiger ist seine Funktion. Der Bereich direkt nach dem Magen heißt Zwölffingerdarm, weil er etwa so lang ist, wie zwölf Finger breit sind. Er ist der wichtigste Abschnitt des Dünndarms. In ihm sind fingerlange Zotten, die wichtige Nahrungsbestandteile aus dem Nahrungsbrei filtern. In den Zwölffingerdarm führen auch die Gallen- und Bauchspeicheldrüsengänge. Dazu später mehr.

Die beiden anschließenden Dünndarmabschnitte haben, je näher sie zum Dickdarm kommen, immer weniger wichtige Aufgaben. Zwischen dem Dünndarm und dem Dickdarm ist wieder eine Klappe, die dafür sorgt, dass nichts vom Dickdarm zurück in den Dünndarm gelangt.

Hinter dieser Klappe liegt also der Dickdarm, der wie ein dickes, auf den Kopf gestelltes U im Bauch liegt. Im ersten Bereich des Dickdarms, also dort, wo der Dünndarm endet, ist der Nahrungsbrei noch sehr flüssig. Durch Bewegung wird der Brei langsam durch den Dickdarm geschoben und durch Bakterien (Darmflora) umgewandelt. Dabei wird ihm mehr und mehr Flüssigkeit entzogen.

Am Ende des Dickdarms ist der Mastdarm. Dort sammelt sich der Brei, der nun zu festerem Kot geworden ist. Ist dort eine gewisse Menge angekommen, wird an das Gehirn signalisiert, dass man zur Toilette muss. Ein Muskel am Ausgang – Anus oder auch After genannt – sorgt für die Kontrolle. Kinder müssen diese Kontrolle erst lernen, alles andere funktioniert ohne Lernen.

Nun noch einmal zu den wichtigen Verdauungssäften, die durch einen am Ende gemeinsamen Gang in den Zwölffingerdarm gelangen:

Die Leber hat viele wichtige Aufgaben und eine davon ist es, Gallensaft zu produzieren. Dieser wird dann in der Gallenblase gesammelt und bei Bedarf über den Gallengang zur Fettverdauung an den Zwölffingerdarm abgegeben.

Die Bauchspeicheldrüse hat, neben der Aufgabe, Insulin zu produzieren, auch die Aufgabe, drei Verdauungssäfte herzustellen und ebenfalls durch einen Gang an den Zwölffingerdarm abzugeben. Diese Säfte sind wichtig zur Verdauung von Kohlenhydraten, Fetten und Proteinen (den Eiweißstoffen).

Die beiden Transportwege, also von der Gallenblase und von der Bauchspeicheldrüse, vereinen sich kurz vor Eintritt in den Zwölffingerdarm miteinander.

Kurioserweise hat man im ganzen Darm keine Nerven, die den Schmerz weiterleiten, so dass man Schädigungen, etwa durch Zöliakie im Dünndarm oder Polypen und Tumoren im Dickdarm, nicht spürt. Dehnt sich der Darm durch Blähungen aus, spürt man den Schmerz, der durch Verdrängung anderer Bereiche im Bauch verursacht wird. Das gilt auch für Polypen oder Tumoren.
Ich weiß, dass diese Erklärung sehr vereinfacht ist, aber um Nachfolgendes besser zu verstehen, reicht sie aus. Alle komplizierten Details und Fachausdrücke würden in diesem Patientenratgeber nur verwirren.

Positiv und negativ in der Medizin

In meiner Naturheilpraxis erkläre ich oft Testergebnisse und stelle dabei fest, dass viele Menschen mit den Aussagen „negativ" und „positiv" durcheinander kommen.

- **Negativ** bedeutet in der Medizin, dass nichts Krankes oder Schlechtes festgestellt wurde. Negativ ist also „gut".
- **Positiv** heißt immer, dass etwas Krankes oder Schlechtes bei dem Test gefunden wurde. Positiv heißt also „nicht gut", sagt aber noch nichts über den Grad des Testergebnisses aus. Dies kann von gering bis stark sein. Hinterfragen Sie die Aussage „positiv" also immer.

Wie auch immer ein Labortest ausfällt, bedenken Sie, dass jeder Mensch individuell ist, den Leidensdruck also auch sehr unterschiedlich empfindet. Bei einer Histaminintoleranz kann die Verträglichkeit bei jeder Person anders sein. Noch viel mehr können sich die Beschwerden unterscheiden.

Zahlen und Mengen

In diesem Buch verzichte ich auf die exakte Angabe der Histaminmenge in einzelnen Lebensmitteln, denn sie würde ohnehin nicht genau stimmen. Je älter ein Lebensmittel wird – vor allem beispielsweise bei Fisch oder Fleisch –, desto mehr Histamin entwickelt sich. Außerdem schwanken die Werte in den Lebensmitteln, je nachdem, wo und wie sie hergestellt wurden oder wo sie gewachsen sind.
Jeder Mensch reagiert so individuell, dass es schwierig ist, für jeden das richtige Rezept mit der richtigen Menge zu empfehlen. Sie werden also möglicherweise auch in diesem Buch Rezepte finden, die Ihnen nicht bekommen. Andererseits werden Sie vielleicht ein besonders histaminhaltiges Nahrungsmittel (siehe Liste Seite 44 ff. und 60) in geringer Menge vertragen können. Diese Lebensmittel aber bitte nicht zu Beginn austesten.

Lernen Sie Ihren eigenen Körper kennen, lernen Sie selbst, welche Menge für Sie gut ist. Sie werden merken, dass Sie dafür nach kurzer Zeit ein gutes Gespür entwickeln. Die Belohnung ist, dass es Ihnen langfristig deutlich besser gehen wird.

Was ist Histamin?

Histamin ist ein Gewebshormon und ein Neurotransmitter, der in jedem Körper selbst gebildet wird. Es sorgt unter anderen für die Abwehr von Fremdstoffen im Körper, es stimuliert die Magensaftproduktion und sorgt für die Bewegung der glatten Muskeln im Unterleib, Darm und in den Bronchien. Die glatte Muskulatur können wir nicht bewusst steuern. Histamin hat einen Einfluss auf das Herz-Kreislaufsystem, kann also durch Gefäßerweiterung für niedrigen Blutdruck und Herzrasen sorgen. Histamin steigert außerdem die Durchlässigkeit der kleinen Blutgefäße und sorgt für das Anschwellen entzündeter Körperstellen.
Der Histaminspiegel wird im Körper durch die ebenfalls körpereigenen Enzyme Diaminoxidase (DAO) und Histamin-N-Methyltransferase (HNMT) gesteuert.
DAO wird vor allem in den Darmschleimhautzellen hergestellt und dort auch direkt abgegeben. Es sorgt deshalb auch dort für den Abbau von Histamin.
Das HNMT befindet sich in den Entgiftungsorganen Leber und Nieren und sorgt in den Körperzellen für den Abbau von Histamin.
Nur DAO kann also das Histamin abbauen, das per Nahrung aufgenommenen wird. Diese Aufgabe kann HNMT nicht übernehmen und es kann auch das zuvor gegessene Histamin nicht später im Darm abbauen.
Kommt es im Körper zu einem Missverhältnis von Histamin und einem oder beiden Enzymen, besteht eine Histaminintoleranz, auch HIT oder Histaminose genannt. Das Histamin wird nicht ausreichend abgebaut, der Spiegel ist zu hoch und führt zu den im Kapitel „Beschwerden" (folgende Seite) beschriebenen Problemen. Im Extremfall kann es zum allergischen Schock kommen, der auch Anaphylaxie oder anaphylaktischer Schock genannt wird. Hierbei muss sofort ein Notarztwagen herbeigerufen werden.

Häufigkeit

Etwa ein bis vier Prozent der Bevölkerung sind von Histaminintoleranz betroffen und davon sind etwa 80 Prozent Frauen im mittleren Alter. Die Dunkelziffer ist sehr hoch, denn eine Unterscheidung zu allergischen Reaktionen ist bei vielen Be-

troffenen nicht abgeklärt. Es gibt auch keine Zahlen zur Frage, wie viele Unverträglichkeiten angeboren oder erworben sind.
Sehr viele Allergiker haben zusätzlich eine Histaminintoleranz, ohne es zu wissen.
Viele Menschen leiden an einer chronischen Erkrankung und ahnen nicht, dass sie eine Histaminintoleranz haben. Das Beschwerdebild kann zu vielfältig sein, um es leicht zu erkennen, und das Krankheitsgeschehen kann so massiv sein, dass keine Lebensqualität mehr besteht. Auch diese Menschen tauchen in der Häufigkeitsstatistik nicht auf.
Die Zahl der Betroffenen ist wahrscheinlich deutlich höher als angenommen.

Prognose

Bei einer erworbenen Histaminintoleranz ist die Aussicht, später fast alle Lebensmittel wieder essen zu können, sehr gut. Bei einer angeborenen werden die Beschwerden deutlich reduziert oder ganz verschwinden, wenn eine histaminarme Diät eingehalten wird. Eine individuelle Diät bedeutet, dass man nur so viel Histamin verzehrt, wie man verträgt.
Kinder werden sich in beiden Fällen unter der Therapie gut entwickeln. Manche betroffene Kinder haben vor der Diagnose einen Entwicklungsrückstand, der sich meistens durch die Diät ganz von alleine auflöst. Eine Darmflorasanierung kann dabei sehr hilfreich sein.
Eine normale Lebenserwartung ist bei der angeborenen wie der erworbenen Histaminintoleranz gegeben.

Beschwerden bei Histaminintoleranz

Die Beschwerden können sehr vielfältig sein und lassen sich von allergischen Reaktionen, die möglicherweise noch dazu kommen, kaum unterscheiden. Hier ein Beispiel: Man hat eine Pollenallergie, leidet schon darunter und isst dann beispielsweise Erdbeeren, die einen hohen Histamingehalt haben. Da die Pollen schon den Histaminspiegel im Körper erhöht haben, leidet man zum Beispiel ohnehin schon an tränenden Augen und Heuschnupfen. Dann kommt noch das Histamin in den Erdbeeren dazu und die Beschwerden verstärken sich. Leider ist gerade in so einem Fall die Unterscheidung zwischen Histaminintoleranz und Allergie sehr schwierig.

Und schließlich kann man auch eine Allergie auf Erdbeeren haben und zusätzlich die Histaminintoleranz!

Genau diese Problematik erschwert die Diagnose außerordentlich.

Auffällig ist allerdings, dass die Beschwerden nicht durchgängig sind, also schubweise auftreten. Solange man den Zusammenhang zwischen Nahrungsmitteln und Symptomen nicht kennt, findet man leider auch selten den Verursacher. Ist einem allerdings bewusst, dass man einige Lebensmittel nicht verträgt, erkennt man plötzlich, welche Lebensmittel die Beschwerden auslösen.

Die Symptome können unmittelbar oder bis zu einer Stunde nach dem Verzehr auftreten. Wie auch bei Allergien ist leider alles möglich.

Die unmittelbaren Probleme, meistens Darmbeschwerden und Herz-Kreislaufprobleme, zeugen eher für einen Mangel an DAO.

Durch einen Mangel an HNMT steigt der Histaminspiegel nur langsam, baut sich auch nur langsam ab und kann zu Haut- und Bronchialproblemen führen. Ebenso kann das zentrale Nervensystem betroffen sein. Das kann psychische Auffälligkeiten hervorrufen.

Die folgende Liste der möglichen Symptome, die immer wieder, aber selten alleine auftreten, kann bei der Diagnose helfen:

- **Kopfschmerzen** in unterschiedlichen Erscheinungsformen, auch Migräne und Clusterkopfschmerzen (extreme einseitige Kopfschmerzattacke im Gesicht und hinter dem Auge), durch Erweiterung der Blutgefäße. Bei Clusterkopfschmerzen sind die Zusammenhänge leider unbekannt.
- **Darmbeschwerden** wie beispielsweise Blähungen, Krämpfe und Durchfälle.
- **Herzrasen** und **Herzrhythmusstörungen** treten gerne zusammen, aber auch getrennt auf.
- **Blutdruckschwankungen**, meistens mit **Blutdruckabfall,** also schubweise zu niedrig durch Erweiterung der Blutgefäße. Diese Problematik kann im Extremfall zum anaphylaktischen, also allergischen Schock führen.
- Bei Frauen **Menstruationsprobleme**, vor allem starke Schmerzen, eine unregelmäßige Menstruation und gleichzeitige Kopfschmerzen.
- **Bronchial-Asthma** und **Atembeschwerden** in leichter oder schwerer Form.
- **Laufende** oder **verstopfte Nase**, ohne Eiter, wie bei einem Heuschnupfen.
- **Tränende** und **juckende Augen**, teilweise mit Augentränen oder trockenen Augen.
- **Schwindel**, meistens in Zusammenhang mit Herzrasen.
- **Magenprobleme** mit und ohne Sodbrennen oder Übelkeit durch vermehrte Bildung von Magensäften.
- **Restless Legs Syndrom** (RLS – unruhige Beine) können eine Histaminintoleranz als Mitverursacher haben.

- **Hautekzeme** mit und ohne Jucken können auftreten.
- **Nesselsucht**, ein heftig juckender Hautauschlag am ganzen Körper.
- **Verhaltensauffälligkeiten** wie beispielsweise ADHS (Aufmerksamkeits-Defizit-Hyperaktivitäts-Syndrom) und ADS (Aufmerksamkeits-Defizit-Syndrom). Das betrifft vor allem Kinder, die gerne Schokolade oder Süßigkeiten mit Farbstoffen naschen. Hier fällt manchmal der Zusammenhang zwischen Süßigkeiten und Unruhe auf. Schon das morgendliche Brot mit Schokoladenaufstrich kann den ganzen Vormittag, gerade wenn das Kind ruhig zuhören und mitmachen muss, für Unruhe sorgen.
- **Nervenprobleme** wie Angstzustände, Erschöpfung, Schlafstörungen und andere Beschwerden, die vom zentralen Nervensystem ausgelöst werden.

Angeborene Histaminintoleranz

Ursachen

Sehr selten ist eine Histaminintoleranz angeboren. Zunächst bekommen Säuglinge ohnehin automatisch histaminfreie oder -arme Kost, so dass eine Unverträglichkeit nicht auffallen würde. Erst mit der ersten histaminhaltigen Beikost, also nach einigen Monaten, würde sie auffallen. Bis dahin könnte aber die Darmflora des Säuglings, aus welchen Gründen auch immer, schon schlecht sein und zu einer erworbenen Histaminintoleranz führen. Das macht die Unterscheidung, ob angeboren oder erworben, fast unmöglich.

Angeboren bedeutet, dass die Histaminintoleranz genetisch bedingt ist, was zur Folge hat, dass die Enzyme DAO und HNMT fehlen oder nur gering vorhanden sind. Möglicherweise fehlt auch nur eines von beiden. Histamin wird also vom Körper oder Darm nicht oder nur unzureichend abgebaut und führt zu Beschwerden.

Bestehen auch Allergien, zum Beispiel auf Pollen oder Hausstaub, könnte es in der Hauptpollenzeit oder bei starker Hausstaubbelastung auch sein, dass weniger Histamin vertragen wird als in der restlichen Jahreszeit oder bei weniger Hausstaubkontamination.

Leider lassen sich solche individuellen Toleranzschwellen nur durch genaue Beobachtungen herausfinden. Bitte bedenken Sie, dass es im Extremfall zu einem allergischen Schock kommen kann. Deshalb bitte immer nur geringe Mengen testen.

Diagnose und Therapie

Die Diagnose entspricht der einer erworbenen Histaminintoleranz, mit dem Unterschied, dass sie genetisch bewiesen werden kann.
Es ist auf jeden Fall sinnvoll, die Darmflora zu untersuchen.
Vielleicht führen eine gute Darmflora, ausgewählte Vitamine und eine homöopathische Begleittherapie zu einer deutlichen Besserung der Symptome und dadurch wird etwas mehr Histamin vertragen.
Wenn Sie nach ein paar Monaten, trotz Darmfloratherapie und durchgehaltener Diät, immer noch kein Histamin vertragen und das schon seit Ihrem Kleinkindalter, haben Sie wahrscheinlich eine angeborene Histaminintoleranz. Sie müssen weiter danach leben. Achten Sie aber weiterhin auf Ihre Darmflora, ohne ständig Präparate einzunehmen.
Das Präparat Daosin (Diaminoxidase in Kapselform) kann hilfreich sein, kostet aber leider viel Geld. Es muss nicht regelmäßig eingenommen werden, eine Einnahme bei Bedarf ist möglich.
Besteht tatsächlich eine angeborene Histaminintoleranz, muss eine lebenslange histaminfreie oder -arme Kost eingehalten werden. Im Gegensatz dazu hat man eine gute Chance eine erworbene Histaminintoleranz wieder loszuwerden.
Wie auch bei der erworbenen Histaminintoleranz kann die verträgliche Histamin menge von Fall zu Fall sehr unterschiedlich sein.
Ob es sinnvoll ist, zur Diagnose einen teuren Gentest durchführen zu lassen, bezweifle ich.

Erworbene Histaminintoleranz

Ursachen

Eine der Hauptursachen ist eine Antibiotikabehandlung. Vor allem, wenn nicht nur ein Antibiotikum eingenommen wurde, sondern zwei oder mehrere hintereinander. Das kommt nach meiner Erfahrung relativ häufig vor. Manchmal werden sogar mehrere hintereinander verordnet, bis eines hilft. Das Immunsystem wird oftmals durch Antibiotika so geschwächt, dass es nicht lange dauert bis zur nächsten Krankheit, bei der dann wieder ein Antibiotikum verordnet wird. In den meisten Fällen ist dann die Darmflora massiv gestört. Diese schlechte Darmflora kann eine Histaminintoleranz auslösen. Zudem kann es zu einer Laktoseintoleranz oder einer Fructoseintoleranz kommen. Mit großem Pech leidet man unter zwei oder drei Intoleranzen gleichzeitig.

Die gute Nachricht ist: Bei einer auf diese Weise erworbenen Unverträglichkeit hat man eine gute Chance auf langfristige Heilung. Dafür muss man Geduld haben und bei der Therapie konsequent sein.
Eine weitere Ursache können Medikamente sein, die den Abbau des Histamins durch DAO verhindern. Werden diese Medikamente abgesetzt, beziehungsweise durch andere Präparate ersetzt, wird Histamin wieder abgebaut und die Lebensmittel werden wieder vertragen.

Wirkstoffe, die den Histaminabbau hemmen

Diese Liste ist nicht vollständig und ich kann leider keine Garantie für die Richtigkeit geben. Bitte hinterfragen Sie die Wirksamkeit bei Ihrem verordnenden Arzt oder einem Apotheker. Beim Apotheker erfahren Sie bei Bedarf auch, ob ein Medikament einen DAO-Hemmer, einen HTNM-Hemmer oder einen histaminbildenden Wirkstoff enthält.

- **Antibiotika**: Cefuroxim, Cefotiam, Isoniazid, Pentamidin, Clavulansäure, Chlortetrazyklin, Ciprofloxacin, Colistin mesilat, D-Cycloserin, Framycetin (nur äußerliche Anwendung), Neomycin, Polymyxin B, Rifampicin, Teicoplanin, Vancomycin
- **Augentropfen**: Pilocarpin, Polymyxin B, Tolazolin
- **Beruhigungsmittel**: Diazepam, Diphenhydramine
- **Betäubungsmittel**, lokal: Prilocain
- **Blutdruck, niedrig**: Dobutamin
- **Blutdrucksenker**: Verapamil, Alprenolol, Dihydralazin, Hydralazin
- **Blutgefäß-Erweiterung**: Glyceroltrinitrat, Glyceryltrinitrat, Nitroglycerin, Propantrioltrinitrat
- **Blutgerinnungshemmer**: ASS (Acetylsalicylsäure)
- **Chemotherapie**-Mittel und Krebsmittel: Cyclophosphamid
- **Demenzmittel**: Tacrin
- **Depression**: Amitriptylin
- **Desinfektionsmittel**: Acriflavin
- **Durchblutungsstörungen**: Tolazolin
- **Entwässernde Medikamente**: Amilorid, Furosemid
- **Gallemittel**: Gallensäure und Gallensalze
- **Herzrhythmusstörungen**: Propafenon, Chinidin
- **Hilfsmittel in Medikamenten**: Polyvinylpyrrolidon (E1201)
- **Hustenstiller**: Codein (auch als Schmerzmittelverstärker), Noscapin
- **Hustenkrampflöser / Asthmamittel**: Aminophyllin, Theophyllin

- **Krampflöser**: Fenpiverinium Bromid
- **Lungenmittel**: Pentamidin
- **Magenmittel**: Cimetidin, Metopiron, Pirenzepin, Scopolamin
- **Malariamittel**: Amodiaquine, Chloroquin, Quinin (Chinin)
- **Muskelentspanner** (wird teilweise nur in der Narkose angewendet): Alcuronium, d-Tubocurarin, Curare, Decamethonium, Pancuronium
- **Narkosemittel**: Thiopental, Propanidid, Suxamethonium
- **Notfallmedikament**: Atropin, Orciprenalin
- **Pilze**: Amphotericin B
- **Plasmaersatzmittel** und **Blutgerinnungshemmer** in der Mikrochirurgie: Dextrane
- **Psychopharmaka**: Haloperidol, Promethazin
- **Rheumamittel**: Acemetacin, Indometacin
- **Röntgenkontrastmittel**: alle, ionische und anionische. Gegebenenfalls vorher ein H1-Antihistaminikum (z. B. Tavegil, Fenistil) geben lassen.
- **Schlaf- und Narkosemittel**: Barbiturate
- **Schleimlöser**: Acetylcystein, Ambroxol
- **Schmerzmittel**: Morphin, Pethidin, NSAR, ASS (Acetylsalicylsäure), Metamizol, Diclofenac, Flurbiprofen), Ketoprofen, Metamizol, Naproxen, Pyrazolone
- **Übelkeit und Erbrechen:** Metoclopramid, Paspertin
- **Vitaminpräparat**: Thiamin (Vitamin B1)

Psychische Überlastung

Eine lang andauernde psychische Belastung kann zu einer so starken Ausschüttung von Histamin führen, dass die körpereigenen Enzyme es nicht mehr abbauen können. In so einem Fall muss dringend für einen Abbau dieser Belastung gesorgt werden. Das sollte nicht durch Medikamente geschehen, sondern durch eine Umstellung im Leben. Ich weiß, es ist einfacher gesagt als getan, aber Sie sollten darüber nachdenken. Bedenken Sie, dass auch Kinder schon sehr unter dem Leistungsdruck in der Schule leiden können.

Körperliche Überlastung

Wer seine sportlichen Leistungen gesteigert hat und seither einige der oben genannten Probleme hat, sollte in Erwägung ziehen, dass der Körper möglicherweise zu viel Histamin produziert und dieses nicht mehr abbauen kann. Auch hier hilft nur eine Reduzierung des Sportpensums. Glücklicherweise kommt es selten zu diesem Phänomen.

Einseitige Ernährung

Eine lang andauernde ungesunde Ernährung kann die Darmflora so sehr ins Ungleichgewicht bringen, dass sich eine Histaminintoleranz entwickelt. Ungesund kann auch bedeuten, dass die Ernährung sehr einseitig ist, also nicht nur ein Übermaß an Süßigkeiten ist schädlich.
Hier muss nicht nur die Darmflora saniert und histaminarm gegessen werden – eine insgesamt gesündere Ernährung ist notwendig.

Rauchen

Das Rauchen ist keine Ursache, kann aber im Körper die Histaminausschüttung anregen. Das gilt für aktive, aber auch für passive Raucher, die ungewollt mitrauchen.
Da hilft leider nur eins: Sofort aufhören. Auch das ist leichter gesagt als getan, es gibt aber heute viele Hilfen, die angeboten werden. Dazu gehören auch Raucherentwöhnungsprogramme und Therapien bei Heilpraktikern, Lungenfachärzten, in entsprechenden Kliniken und bei einigen Krankenkassen.
Bitte bedenken Sie, dass die entstehenden Kosten durch die Einsparungen schnell wieder ausgeglichen sind.

Diagnosemöglichkeiten für beide Formen der Histaminintoleranz

Diagnose durch Beobachtung

In meiner Naturheilpraxis habe ich immer mal wieder Patienten, die mir bei der ausführlichen Anamnese von Symptomen berichten, die auf eine Histaminunverträglichkeiten hindeuten. Eine Laboruntersuchung des Stuhls hat meine Vermutung bisher immer bestätigt. Es ist daher ratsam, dass Sie Ihr Kind oder sich selbst im Zusammenhang mit dem, was Ihr Kind oder Sie essen oder trinken, sorgfältig beobachten.
Dafür halten Sie etwa zwei bis drei Wochen eine streng histaminarme Diät ein. Vermeiden Sie auch alle Lebensmittel, die im Körper Histamin freisetzen (siehe Seite 60). Trinken Sie in dieser Zeit auch keinen Alkohol. Verzehren Sie dann einmalig ein leicht histaminhaltiges Lebensmittel. Beobachten Sie dann genau, was passiert. Steigern Sie die Histaminmenge. Ein Tagebuch in einem Kalender kann dabei helfen.

Bei einer unangenehmen Reaktion kann es sein, dass Sie ausgerechnet auf dieses Lebensmittel eine Allergie haben, weshalb Sie nach dem Abklingen der Symptome ein anderes histaminhaltiges Lebensmittel testen sollten.
Wenn Sie eine Bestätigung haben möchten – was psychologisch manchmal wichtig ist –, können Sie die auf den nächsten Seiten beschriebenen diagnostischen Testverfahren durchführen lassen, wobei eigentlich die Stuhluntersuchung ausreicht.
Das Versandmaterial für die Stuhl- und Urinprobe bekommen Sie bei einem Arzt oder Heilpraktiker. Sie schicken es selbst nach der Probennahme ein.
Die jeweiligen Ergebnisse bekommt der Arzt oder Heilpraktiker und wird es mit Ihnen besprechen.
Grundsätzlich gilt, wer durch eine histaminarme Diät gesünder ist, sollte danach leben und davon ausgehen, dass eine, meist erworbene und fast immer nur vorrübergehende, Histaminintoleranz vorliegt. Egal, was Labortests aussagen – Sie kennen doch den Spruch: Wer heilt, hat recht.

Blutwerte

Im Blut kann der Histaminspiegel gemessen werden. Dieser kann auch bei alleinigen oder zusätzlich bestehenden Allergien erhöht sein.
Die Aktivität der Diaminoxidase (DAO) kann gemessen werden, ebenso wie der Vitamin B_6- und der Kupferspiegel.
Leider kann auch eine Histaminintoleranz vorliegen, obwohl der Befund negativ ist. Dazu kommt, dass alle Werte stark schwanken. Ob dann ein solcher Test sinnvoll ist, muss jeder für sich entscheiden.
Der Immunglobulin-E (IgE)-Wert im Blut lässt keine Rückschlüsse zu, da er bei einer Histaminintoleranz nicht erhöht ist, es sei denn, es besteht zusätzlich eine Allergie. Dies kann eine Pollen- oder Hausstauballergie oder sogar eine Allergie auf histaminfreie oder -haltige Lebensmittel sein.
Das Blut wird direkt in der Praxis entnommen und an ein Labor verschickt. Die jeweiligen Ergebnisse bekommt der Arzt oder Heilpraktiker und wird sie mit Ihnen besprechen.

Pricktest

Der Pricktest ist ein Allergietest, der bei einer Histaminintoleranz – ohne Allergie – ebenfalls negativ ausfällt. Auffällig ist hier möglicherweise nur, dass die Stelle, an die eine Testflüssigkeit mit Histamin getropft wurde, stark reagiert.

Stuhlprobe

Eine spezielle Stuhlprobe kann von einem Speziallabor auf zweierlei Störungen hin untersucht werden. Zum einem kann herausgefunden werden, ob Histamin im Stuhlgang ist und zum anderen kann untersucht werden, ob zusätzlich histaminbildende Keime in der Darmflora vorhanden sind. Für diesen Test wird etwas Stuhl in einen Probenbehälter gefüllt und zum Labor geschickt. Dies ist der einzige Test, der nach meiner Meinung sinnvoll sein kann.

Urinprobe

Wie auch bei der Blutprobe gilt: Der Test ist so ungenau, dass es sich nicht lohnt dafür Geld auszugeben.

Kostenübernahme

Anders als von den privaten Krankenversicherungen und Beihilfestellen, werden die Kosten von den meisten gesetzlichen Krankenkassen nicht erstattet.

Welche Tests sind wirklich sinnvoll?

Ich würde keinen Blut-, Stuhl- oder Urintest durchführen lassen, vor allem nicht bei einem Kind. Es hat möglicherweise ohnehin schon viele Arztbesuche über sich ergehen lassen müssen.
Wenn es dem Kind oder Ihnen besser geht durch die Diät, würde ich nur etwas zur Darmfloraunterstützung einnehmen und nach ein paar Wochen vorsichtige Versuche machen, ob etwas Histamin vertragen wird.
Eine der zuvor genannten Untersuchungen würde nur Kosten verursachen, die Sie möglicherweise selbst tragen müssen, und nichts an der Diät, also der Therapie, ändern.

Untersuchung der Darmflora

Die Darmflora kann mit einem Stuhltest untersucht werden. Hierfür muss bei einem Arzt oder Heilpraktiker eine kleine Stuhlprobe abgegeben werden. Der Dickdarm enthält diverse Bakterien, die im richtigen Verhältnis zueinander gesund sind. Die Zusammensetzung der verschiedenen Bakterien und gegebenenfalls Pilze nennt man Darmflora. Dem Stuhlgang kann man keine Darmflorastörung ansehen. Der macht auch keine direkten Beschwerden. Eine labortechnische Untersuchung zeigt die gestörte Darmflora. Wie auch bei der Homöopathie zahlen die Privatversicherungen dabei deutlich mehr als die gesetzlichen Krankenkassen.

Für Kinder unter zwölf Jahren können Sie den Arzt um ein Rezept bitten, denn sie bekommen die Präparate möglicherweise von der gesetzlichen Krankenkasse erstattet.

Wenn Sie eine Darmfloratherapie durchführen und sich diese als unwirksam erweist, richten Sie keinen Schaden an. Gehen Sie davon aus, dass kaum ein Mensch eine optimale und wirklich gesunde Darmflora hat, schon gar nicht bei einer Histaminintoleranz. Ich schlage aber vor, für eine Therapie zunächst nur eine kleine Verpackungseinheit zu kaufen. Bei einer guten Verträglichkeit kann die Therapie dann über viele Wochen oder gar Monate durchgeführt werden. Sollte sich nach den ersten Wochen keine Besserung, also Verträglichkeit von leicht histaminhaltigen Lebensmitteln, zeigen, sollte ein anderes Präparat getestet werden oder ein Therapeut zu Rate gezogen werden.

Therapie bei angeborener Histaminintoleranz

Diät

Die wichtigste Therapie ist die histaminfreie oder -arme Diät. Hierbei ist die Toleranzgrenze leider sehr individuell. Sie muss erprobt und beobachtet werden.

Geht es um einen Säugling, ist das Einhalten der Diät einfacher als für größere Kinder oder Erwachsene. Säuglinge werden den Geschmack, beispielsweise von Tomaten, erst gar nicht kennenlernen und ihn folglich auch nicht vermissen.

Leider gibt es Menschen, die seit dem Säuglingsalter unter Beschwerden leiden und nicht ahnen, dass es sich um eine Histaminintoleranz handelt. Die Diagnose wird oft erst später gestellt, zumal sie vor ein paar Jahren noch weniger bekannt war als heute.

Neben der Diät sind auf jeden Fall weitere Therapien zu empfehlen, die auch bei der erworbenen Histaminintoleranz durchgeführt werden. Diese werden im nächsten Kapitel beschrieben.

Therapie bei erworbener Histaminintoleranz

Diät

Die allerwichtigste Therapie ist eine konsequente, histaminarme Diät über viele Monate. Rezeptvorschläge dafür finden Sie ab Seite 76. Diese Diät alleine reicht in den meisten Fällen schon aus, um nach einer langen Zeit wieder alle oder zumindest fast alle Lebensmittel zu vertragen.
Die Zeit der Therapie kann man verkürzen, wenn man etwas Gutes für die Darmflora tut und zum Beispiel regelmäßig normalen, zuckerfreien Naturjoghurt isst. Die Lebensmittelindustrie wirbt immer wieder mal für probiotische Joghurtzubereitungen, erwähnt aber nicht, dass probiotische Mikroorganismen in jedem normalen, zuckerfreien Naturjoghurt enthalten sind. Man sollte darauf achten, dass darin wirklich kein Zucker enthalten ist, weil dieser nicht hilfreich für eine gute Darmflora wäre.
Präparate für die Darmflora (aus der Apotheke) enthalten sehr viel mehr und weitere Mikroorganismen, die im gesunden Darm vorkommen. Durch die regelmäßige Einnahme werden sie wieder angesiedelt und unterstützen so die Therapie.

Arzneien

Ich würde einem Säugling keine Arzneien gegen die Histaminintoleranz geben. Die meisten Präparate sind nicht an Säuglingen getestet worden.
Erwachsene, Kinder und Jugendliche können damit die akuten Symptome lindern. Dabei kann es zum Teil notwendig sein, die Präparate täglich und regelmäßig einzunehmen, zum Teil aber nur, wenn „gesündigt" wird. Das müssen Sie allerdings selbst für sich herausfinden.
Alle genannten Präparate sind Naturprodukte und haben wenig oder sogar keine Nebenwirkungen.

- **Dao-Hemmer** (Diaminoxidase-Hemmer): Bei Redaktionsschluss des Buches gab es nur Daosin mit 10, 30 oder 60 Kapseln, erhältlich in der Apotheke. Bei regelmäßiger Einnahme empfiehlt sich ein- oder zweimal täglich eine Kapsel etwa zehn Minuten vor dem Essen. Zusätzlich oder auch alleine kann Heilerde eingenommen werden.

- **Heilerde** gibt es in Kapselform als Bullrich's Heilerde und Luvos Heilerde, jeweils in verschiedenen Packungsgrößen. Um die Verträglichkeit von Histamin zu verbessern und um Gutes für den Darm und die Darmflora zu tun, ist es sinnvoll, regelmäßig ein- bis zweimal am Tag Heilerde-Kapseln einzunehmen, am besten ebenfalls etwa zehn Minuten vor den Mahlzeiten. Dabei möglichst ein ganzes Glas Wasser, vorzugsweise Leitungswasser, trinken. Die Kapsel „rutscht" dann schneller durch den Magen und kommt im Darm zur Wirkung. Wer zur gleichen Zeit Magenprobleme hat, sollte besser Pulver einnehmen. Dafür gibt es Heilerde, magenfein oder ultrafein, zum Einnehmen. Egal welches Pulver eingenommen wird – ein- bis zweimal am Tag ein Teelöffel sollte gut tun. Dazu ebenfalls viel Wasser trinken.

- **Kupfer** würde ich als Medikament nicht empfehlen. Eine Überdosierung könnte Magen-Darmprobleme hervorrufen. Kupfer ist in der Heilerde enthalten. Nehmen Sie also besser regelmäßig Heilerde ein.
  Kupferreiche und histaminarme Lebensmittel sind:
  - Huhn
  - Gans
  - Lamm
  - Süßkartoffeln
  - Aprikosen, getrocknet
  - Pfirsiche, getrocknet

  Kupfermangel kann im Blut analysiert werden.

- **Vitamin B_6** (Pyridoxinhydrochlorid) hilft, die Diaminoxidase (DAO) im Körper zu produzieren, und es hilft beim Abbau von Histamin. Vitamin B_6 wird aber auch zum Abbau von Eiweißen benötigt. Eiweißreiche und gleichzeitig Vitamin- B_6-reiche Lebensmittel zu verzehren, ist dann nicht hilfreich. Gut geeignete Lebensmittel sind Kartoffeln und Hirse, die aber leider einen Teil des Vitamins durch das Kochen verlieren.
  Folgende Vitamin-B_6-Präparate werden in der Apotheke angeboten:
  - B_6 ASmedic Tabletten – eine teilbare Tablette enthält 40 mg Vitamin B_6
  - B_6 Vicotrat 300 mg – eine Tablette enthält 300 mg Vitamin B_6
  - Vitamin B_6 20 mg Jenapharm Tabletten – eine Tablette enthält 20 mg Vitamin B_6
  - Vitamin B_6-Hevert Tabletten – eine teilbare Tablette enthält 100 mg Vitamin B_6
  - Vitamin B_6-ratiopharm – eine Tablette enthält 40 mg Vitamin B_6

  Der Mangel an Vitamin B_6 kann im Blut festgestellt werden. Wie viel Vitamin B_6 ein Mensch benötigt, ist nicht bekannt und wahrscheinlich individuell auch sehr unterschiedlich. Für den Ausgleich eines normalen Mangels bei Jugendlichen und Erwachsenen sollten täglich 40 bis 50 mg ausreichen.

- **Vitamin C** (Ascorbinsäure): Je natürlicher der Ursprung, desto besser kann es der Körper aufnehmen. Gleichzeitiger Verzehr von Zucker ist ungünstig, denn Zucker hemmt die Aufnahme von Vitamin C im Körper.
  Vitamin C fördert den Histaminabbau und sollte deshalb regelmäßig, idealerweise in Form von Vitamin-C-reichem Obst oder Gemüse, verzehrt werden:
  - **Äpfel** je nach Sorte. Kaufen Sie vorzugsweise im Biohandel oder auf dem Markt bei einem Händler, der seine Ware gut kennt. Fragen sie im Laden, welche Äpfel frisch geliefert wurden, denn beim Großhändler wurden sie zuvor kalt gelagert. Sie verlieren auf diese Weise weniger Vitamine und sind histaminärmer. Zuhause legen Sie die Äpfel dann möglichst bald wieder in den Kühlschrank.
    Der bekannte walisische Spruch „*An apple a day keeps the doctor away*", hat einen hohen Wahrheitsgehalt.
  - **Paprika**, vor allem grüne. Vitamin C ist nicht hitzebeständig, weshalb man die Paprika roh essen sollte.
  - **Frische Petersilie und Bärlauch** sind beide Vitamin-C-reich und schmecken wunderbar in Salatsoßen, als Pesto oder auf Quark.

  Es gibt eine so große Vielzahl an Vitamin-C-Präparaten in der Apotheke, dem Reformhaus, im Bioladen und Lebensmittelhandel, dass eine Aufzählung den Rahmen dieses Buches sprengen würde.

Homöopathie

Zur Linderung und zur langfristigen Heilung können folgende homöopathische Mittel in Form von Globuli oder Tabletten beitragen:

- Okoubaka aubrevillei D2 (Abkürzung: Okou.) hat einen positiven Einfluss, wenn die Darmflora beteiligt ist, was sehr oft der Fall ist.
  Bezugsquellen: Okoubaka D2 Globuli (DHU), Narumed Tropfen (Dr. Fischer Gesundheitsprodukte GmbH), Okoubasan D2 Tabletten (Sanum Kehlbeck).
- Histaminium hydrochloraticum (Abkürzung: Hist.) D4 oder D12 Globuli ist homöopathisch potenziertes Histamin und sollte nur vorsichtig versucht werden, also gegebenenfalls beginnend mit nur einem Globuli täglich.
- Acidum formicicum D12 (Abkürzung: Form-ac.) Globuli bei Haut- und asthmatischen Beschwerden, die durch Histaminintoleranz verursacht werden.

Die Dosierung kann individuell sehr unterschiedlich sein, probieren Sie es zunächst nur mit einem Globuli dreimal täglich. Die Dosis kann im Akutfall auf fünf Globuli stündlich gesteigert werden. Zum Teil gibt es das Medikament auch

in Form von Tabletten. Sie haben die gleiche Wirkung. Eine Tablette entspricht fünf Globuli.
Globuli und Tabletten werden gelutscht, was die Wirkung verstärkt. Für Säuglinge empfehle ich nur Globuli, denn daran können sie sich nicht verschlucken.
Wenn Sie unter einer Erstverschlimmerung leiden, stellen Sie sich eine Auflösung her. Dafür werden 1 bis 3 Globuli oder Tropfen in einem Glas Wasser aufgelöst und mit einem Plastik- oder Hornlöffel verrührt. Von dieser Auflösung nur ein paar Tropfen einnehmen, gegebenenfalls mehrfach täglich. Abends wird der Rest weggegossen. Eine Erstverschlimmerung bedeutet, dass Sie das richtige homöopathische Mittel einnehmen, aber die falsche Potenz oder Dosierung. Auflösungen sind dann meistens hilfreich.
Leider ist es auch möglich, dass Ihnen diese Mittel nicht helfen. Für Ihr individuelles homöopathisches Mittel wenden Sie sich an erfahrene Therapeuten.
Globuli und homöopathische Tabletten werden von vielen gesetzlichen Krankenkassen für Kinder unter zwölf Jahren erstattet. Fragen Sie Ihren Arzt danach.

Homöopathie durch Therapeuten

Das optimale homöopathische Mittel kann man ohne entsprechende Ausbildung nicht ermitteln. Da helfen auch keine Bücher oder die Erfahrung anderer im Internet. Die Homöopathie kann so hilfreich sein, dass Sie darüber nachdenken sollten, ob Sie sich dafür nicht an einen Arzt für Homöopathie oder an einen Heilpraktiker wenden. Private Krankenversicherungen, Zusatzversicherungen, Beihilfestellen und einige gesetzliche Krankenkassen bezahlen zumindest einen Teil der Behandlung.

Darmfloradiät

Die preiswerteste und letztendlich gesündeste Therapie für eine gute Darmflora ist eine Ernährungsumstellung, die ich eigentlich nicht als Diät bezeichnen würde, denn sie führt zurück zur gesunden Ernährung. Dabei verzichtet man auf zuckerhaltige Produkte. Statt Gebäck aus weißem Auszugsmehl (Type 405) isst man nur Vollkornprodukte und auch diese nur in geringer Menge, denn man sollte sich kohlenhydratarm ernähren.
Aus langjähriger Praxiserfahrung weiß ich aber, dass dies kaum jemand über Monate durchhält. Vor allem, wenn man zusätzlich auf viele andere Lebensmittel – hier histaminreiche – verzichten muss. Deshalb gehe ich an dieser Stelle nicht auf einen genauen Diätplan ein, sondern gebe Ratschläge, die ebenfalls und oftmals sehr rasch zu einer guten Darmflora führen.

Darmflorasanierung mit Medikamenten

Hierbei handelt es sich nicht um wirkliche Medikamente. Es sind verschiedene Bakterien, die in den gesunden Darm gehören. Ein Teil der Präparate haben Namenszusätze, je nachdem, für welches Alter sie bestimmt sind.
Es ist sinnvoll, Laktobakterien und E-Colibakterien zur gleichen Zeit einzunehmen. Die Laktobakterien würde ich über einen längeren Zeitraum einnehmen als die E-Coli-Bakterien. Der Sinn ist, dass diese „guten" Bakterien sich im Dickdarm wieder ansiedeln und dort die „schlechten" Keime, z. B. Pilze, verdrängen. Hier ein paar Beispiele für Präparate aus der Apotheke:

- **Laktobakterien**: Probiotik protect, probiotic pur, probiotic sport, Symbiolact B, Darmflora Plus Pulver, Darmflora plus select Kapseln (Dr. Wolz), NICApur NicaLact Probiotik Kapseln
- **Escherichia coli Bakterien** (E.-Coli-Bakterien): Mutaflor (diverse Darreichungsformen), ProSymbioflor, Symbioflor 1, Symbioflor 2
- **Gegen Darmpilze**: Nystatin-Präparate, zum Beispiel: Adiclair, Biofanal, Candio Hermal, Nystatin Lederle, Nystatin Holsten FTA, Moronal, Mykundex, Nystaderm, Nystatin

Autovaccine

Aus einer Stuhlprobe des Patienten wird durch ein Speziallabor ein ganz individuell auf die Darmflora wirksames Präparat hergestellt (AutoColiVaccine von Symbio Vaccin). Die Einnahmeform wird ebenfalls dem Patienten angepasst, dabei gibt es die Möglichkeit, es über die Haut (Einreibung), über die Nasenschleimhaut oder in den Mund aufzunehmen. Autovaccine helfen langfristig, das Immunsystem so zu stärken, dass die Darmflora vom Körper selbst reguliert werden kann.

Bioresonanztherapie

Eine schlechte Darmflora lässt sich auch sehr gut mit der Bioresonanztherapie behandeln. Bei dieser schmerzlosen und sehr sanften Methode, werden die körpereigenen Heilkräfte angeregt. Die Darmflora kann sich ganz von alleine regulieren. Allergien im Körper werden gelöscht und das gesamte Immunsystem angeregt. Leider reicht sehr selten nur eine Behandlung aus. Die tatsächlich nötige Behandlungsdauer und -menge ist zu individuell, um hier eine Zahl zu nennen.
Diese Therapie wird von einigen Heilpraktikern und Ärzten für Naturheilkunde ausgeübt, wird aber von keiner Krankenkasse oder Versicherung erstattet.

Erste Hilfe

Akuthilfen bei Beschwerden durch HIT

Trotz aller Vorsicht kann es zu Beschwerden kommen. Deshalb folgen hier ein paar Vorschläge zur Linderung der Symptome:

- Bei **Kopfschmerzen** und Migräne hilft es, wenn man im Anfangsstadium das ätherische Öl der Pfefferminze (100 %) auf die Stirn und die Schläfen reibt. Bei Clusterkopfschmerzen lindert das Einatmen von reinem Sauerstoff über eine Maske die Schmerzen.
- **Blähungen** und **Krämpfe** werden durch heißes Wasser mit einer Messerspitze Kümmel (sofern eine sehr geringe Menge verträglich ist) gelindert. Pfefferminz- und Fencheltee haben eine ähnliche aber schwächere Wirkung. Durchfälle können Perenterol oder ein Präparat mit Arzneihefe oder Heilerde in Pulver- oder Kapselform lindern.
- **Herzrasen** und **Herzrhythmusstörungen** lassen sich im Akutfall nur schwer mit naturheilkundlichen Präparaten lindern. Versuchen Sie es mit Rytmopasc.
- Der **Blutdruckabfall** lässt sich meistens mit ein paar Korodin Herz-Kreislauf-Tropfen auf einem Zuckerstück behandeln. Die Person sollte sich hinlegen und eine Hilfsperson muss die Beine hochlagern oder -halten, damit das Blut in den Kopf steigen kann. Andersfalls könnte es zu einer Ohnmacht kommen. In diesem Fall einen Notarztwagen anfordern.
- **Bronchial-Asthma** und **Atembeschwerden** müssen im Notfall mit einem Asthmaspray zum Erweitern der Bronchien behandelt werden. Bei Asthmaanfällen ist das Ausatmen erschwert. Im Notfall die sogenannte Lippenbremse anwenden, also die Lippen verschließen und durch diese ausatmen, was trotz verschlossener Lippen „gebremst" möglich ist. Dabei hinsetzen und nach vorne beugen. Bitte immer daran denken, dass ein Asthmaanfall einen tödlichen Verlauf haben kann, scheuen Sie sich also nicht einen Notarztwagen anzufordern.
- Bei **laufender** oder **verstopfter Nase** hilft im Akutfall manchmal ein Meersalz-Nasenspray.
- **Tränende** und **juckende Augen** kann man durch Euphrasia Augentropfen (Wala, Weleda) oder Iso-Augentropfen lindern.
- **Schwindel** ist schwierig zu behandeln. Sollten Herzrhythmusstörungen dabei sein, würde ich es mit Rytmospasc probieren. Ist gleichzeitig der Blutdruck zu niedrig, mit Korodin Herz-Kreislauf-Tropfen.
- **Magenprobleme** und **Sodbrennen** lassen sich meistens gut durch Heilerdepulver lindern. Das Präparat Basosyx lindert Sodbrennen.

- Zur Linderung des **Restless Legs Syndroms** im Akutfall fragen Sie am besten Ihren Therapeuten.
- **Hautekzeme** und **Nesselsucht** lassen sich mit einer Creme lindern. Das kann sehr unterschiedlich sein; testen Sie Präparate mit dem „homöopathischen Cortison" Cardiospermum, zum Beispiel: Halicar Salbe und Creme oder Dermaplant Salbe. Im Notfall kann auch eine Auflage mit kaltem schwarzen Tee den Juckreiz lindern.
  Ist der Juckreiz oder Schmerz unerträglich und die Haut offen, lindert für eine kurze Zeit eine Salbe, die eigentlich gegen Hämorrhoiden-Leiden hilft. Sie enthält Lidocain, ein Lokal-Betäubungsmittel und heißt Posterisan akut Salbe. Sie darf aber nur auf kleinen Flächen angewendet werden und nicht am ganzen Körper, denn das Lidocain würde sonst den Herzrhythmus beeinträchtigen.
- Bei der Unruhe durch **ADHS** fällt mir für den Akutfall nur sportliche Betätigung ein, die natürlich nicht in der Schule möglich ist. Hier sollte beim nächsten Frühstück auf die histaminfreie Kost geachtet werden.
- Schwierig ist auch die Akutbehandlung von **Nervenproblemen**. Hilfreich kann es schon sein, wenn einem bewusst wird, dass sie vorübergehen, weil sie nur durch einen akut erhöhten Histaminspiegel ausgelöst werden. Viel Wasser zu trinken und ein Spaziergang können Linderung verschaffen. Um sich zu beruhigen, kann es hilfreich sein, sich an einen stillen Ort zu setzen oder zu legen, die Augen zu schließen, auf die eigene Atmung zu achten und sich dabei einzureden, dass man bei jedem Atemzug ruhiger wird. Ein Versuch lohnt sich. Wenn man nur eine begrenzte Zeit dafür hat, kann man sich vornehmen, dass man bis drei zählt und dann wieder wach ist. Das klingt schwierig, ist es zunächst auch, aber mit etwas Übung kann es gelingen.
- **Schlafstörungen** lassen sich mit Baldrian- oder Melissentee lindern. Beide gibt es auch als Tabletten und beide machen in keiner Weise abhängig. Melisse wirkt schwächer und ist auch schon für Kinder geeignet. Hilfreich kann es sein, sich beim Einschlafen ganz auf die eigene Atmung zu konzentrieren und sich dabei zu denken, dass man bei jedem Atemzug müder und entspannter wird.

Nicht naturheilkundlich, aber für viele wirkungsvoll ist die Behandlung mit einem Antiallergikum aus der Apotheke. Es sind die Präparate, die auch bei Allergien eingenommen werden. Leider hilft nicht jedes Mittel bei jedem Menschen und einige machen so müde, dass Autofahren und das Arbeiten an Maschinen nicht mehr möglich sind. Hier eine Auswahl der sofort wirksamen Präparate, die bei einem leichten Notfall oder wenn sich zum Beispiel ein Kontrastmittel nicht vermeiden lässt, angewendet werden sollten: Cetirizin, Loratadin, Diphenhydramin.
Einige Medikamente wirken nur, wenn man sie über einen längeren Zeitraum einnimmt. Dazu gehören z. B. Allergoval, DNCG oral pädia, Colimune Sachets (Nat-

riumcromoglicat, früher: Cromoglicinsäure). Bitte bedenken Sie, dass die meisten dieser Präparate Nebenwirkungen haben oder auf Dauer ungesund sind. Befragen Sie bitte Ihren Arzt oder Apotheker.

Akuter Ernstfall

Für den akuten Notfall, der auch lebensgefährlich sein kann, gibt es – wie auch für Allergiker – ein Notfall-Set. Es enthält Medikamente, über deren Verwendung Sie beim Verschreiben durch einen Arzt individuell informiert werden:

- Ein Antihistaminikum in Form von Saft oder Tropfen
- Cortison in Form von Saft oder Tropfen
- Einen Adrenalin-Autoinjektor, also eine Spritze mit Adrenalin
- Ein Asthma-Notfallspray

Nicht in jedem Fall müssen alle Notfallmedikamente eingesetzt werden.
Bei einer leichten Histaminintoleranz kann schon ein Antiallergikum oder eines der oben genannten naturheilkundlichen Mittel hilfreich sein. Es ist auf jeden Fall sinnvoll, immer etwas bei sich zu haben.

Notfallausweis

> Wer an einer starken Histaminintoleranz leidet, sollte unbedingt einen Notfallausweis mitführen, damit im Notfall nicht das falsche Schmerz- oder Narkosemittel angewendet wird.

Diesen Notfallausweis bekommen Sie bei Ihrem Hausarzt oder Ihrer Krankenkasse. Einige Krankenkassen haben den Ausweis zum Herunterladen ins Internet gestellt. Er enthält Ihr Lichtbild, Ihre persönlichen Daten und die notwendigen Informationen. Diesen Ausweis legt man zu den Ausweispapieren, die man bei sich trägt. Notfallärzte suchen – idealerweise – bei einer bestehenden Bewusstlosigkeit danach. Selbst, wenn Sie bei Bewusstsein sind oder einfach nur bei einem neuen Arzt, können Sie diesen Ausweis zeigen und müssen nicht so viel erklären.
Zu Sicherheit würde ich den Hinweis dazu schreiben lassen, dass in Medikamenten – vor allem in jenen für den Notfall – Histamin enthalten sein kann. Sollte Ihre körperliche Reaktion extrem sein, würde ich die Wirkstoffe der Notfallpräparate sogar benennen.

Informationen für den Arzt

Bitte denken Sie immer daran, vor der Verschreibung von Medikamenten oder einer Injektion oder Infusion auf Ihre Histaminintoleranz und den möglichen negativen Einfluss des Präparats aufmerksam zu machen. Erinnern Sie gegebenenfalls immer wieder daran, vor allem, wenn Sie an einer ausgeprägten Histaminintoleranz leiden.

Antibiotikabehandlungen

Antibiotikabehandlungen hinterfragen

Um die Symptome der Histaminintoleranz nicht zu verschlimmern, sollten Sie jedes Mal, wenn eine Antibiotikabehandlung empfohlen wird, diese genau hinterfragen und sich nach einer Alternative erkundigen. Lassen Sie ein Antibiogramm (Antibiotika-Resistenzprüfung, Antibiotika-Resistenztest, Antibiotika-Resistenztestung) durchführen. Hierbei werden die Empfindlichkeit und die Widerstandsfähigkeit der Bakterien gegenüber den unterschiedlichen Antibiotika festgestellt. Erst nach dem Ergebnis wird dann ein passendes Antibiotikum verordnet.
Lassen Sie die Zeit bis zum Ergebnis nicht verstreichen und nutzen Sie die Pflanzenheilkunde und Homöopathie. Sollte dadurch eine deutliche Besserung eintreten, ist vielleicht das Antibiotikum nicht mehr nötig.
Eine weitere Möglichkeit, ein Virus von einem Bakterium zu unterscheiden, ist der CRP-Schnelltest (C-reaktives Protein). Eine geringe Erhöhung spricht für eine Viruserkrankung oder Schwangerschaft und ein stärker erhöhter Wert für Bakterien im Körper. Dafür wird eine geringe Blutmenge aus der Fingerkuppe entnommen. Nach fünf Minuten kann der Wert im Schnelltester abgelesen werden. Bestehen Sie beim Arzt gegebenenfalls zumindest auf diesem Test, bevor Sie einem Antibiotikum zustimmen.
Leider erfahre ich in meiner Praxis immer wieder, wie schnell ein Antibiotikum nur wegen einer Erkältungskrankheit verordnet wird, oft ohne Überprüfung, ob der Erreger überhaupt ein Bakterium ist. Gegen Viren würde es ohnehin nicht helfen. Diese erkennt man schon daran, dass einen die Krankheit geradezu überfällt. Innerhalb einer Stunde kann man durch Viren richtig krank sein.

Antibiotika wirken nur gegen Bakterien, nicht gegen Viren!

Alternative Therapiebeispiele aus meiner Praxis

In meine Praxis kommen fast täglich Akutkranke, die befürchten, dass ihnen andernorts zu schnell ein Antibiotikum verschrieben werden könnte, und nach Alternativen suchen.
Bei folgenden Erkrankungen, bei denen ein Antibiotikum meistens nicht nötig ist, können alternative Behandlungen mögliche Auswirkungen auf eine Histmaninunverträglichkeit vermeiden:

- Bei **Erkältungen** reichen oftmals schon pflanzliche Schleimlöser aus. Hier bewähren sich vor allem Thymian, Efeu und Spitzwegerich, um nur ein paar Beispiele zu nennen. Es gibt für jedes Alter abgestimmte Präparate in der Apotheke.
- **Ohrenschmerzen** werden vor allem durch Viren verursacht. Hier helfen die altbekannten Zwiebel- oder Kamillensäckchen auf dem Ohr oder beispielsweise das homöopathische Komplexmittel Otovowen aus der Apotheke.
- Bei **Blasenentzündungen** wird ebenfalls gerne ein Antibiotikum verschrieben, auch wenn es hier oft ausreicht, sehr viel Wasser und Tee, beispielsweise aus Goldrutenkraut, Brennnessel- und Orthosiphonblättern (alle aus der Apotheke) zu trinken.
- Sogar **Nagelbettentzündungen** werden in der heutigen Zeit mit Antibiotika behandelt, obwohl das selten notwendig ist. Ich empfehle immer die gute alte entzündungshemmende „Zugsalbe" Ichtholan 20 % aus der Apotheke. Kein Naturprodukt, aber bei allen äußerlichen Entzündungen wirkt es wie ein Wunder. Mit einem ordentlichen Verband ist der Geruch erträglich und die Salbe bleibt an Ort und Stelle und verschmiert nicht.
- Nichteitrige **Mandelentzündungen** sprechen gut auf häufiges Gurgeln mit Salbeitee und Lutschen von Honig im Mund an. In Apotheken gibt es auch entsprechende Lutschbonbons. Eitrige Mandelentzündungen können zu Komplikationen führen und sollten deshalb von erfahrenen Therapeuten behandelt werden, was aber nicht zwangsläufig zu einer Antibiotikatherapie führen sollte. Bei eitriger Mandelentzündung sieht man weiße Punkte auf den Rachenmandeln.
- **Magen-Darmerkrankungen** werden meistens durch Viren verursacht. Dabei muss sehr viel getrunken werden, auch wenn es schwer fällt. Gegen Übelkeit kann Ingwer- oder Pfefferminztee helfen und gegen den Durchfall Medizinische Kohle. Das homöopathische Mittel Ipecacuanha D4 (Abkürzung: Ip. D4), drei Globuli alle 15 Minuten hilft gegen das ständige Erbrechen.

Bei vielen Erkrankungen darf auch die Heilkraft der Bettruhe nicht unterschätzt werden.

Histamin in Lebensmitteln

Diese Lebensmittel sollten Sie auf jeden Fall meiden

In dieser Liste sind histaminreiche, aber auch histaminbildende Lebensmittel aufgelistet.
Sie sollten sich anfangs streng danach richten. Sobald Ihre Darmflora besser ist, können Sie versuchen die Histaminmenge langsam zu steigern.

Alkoholika

Roséwein, Rotwein, Schaumweine (Sekt, Prosecco, Champagner, alle je nach Anbaugebiet und Traube), Sherry, Cocktails, Hochprozentiges, Likör.

Backwaren

- Brot mit Hefe oder Sauerteig
- Kuchen mit Hefe oder Backpulver (außer Weinsteinbackpulver).
- Weizen und Weizenkeime

Anmerkung:
Auf jeden Fall lohnt es sich, Brot selbst zu backen und Weinsteinbackpulver zu verwenden. Wenn Sie nicht sehr empfindlich sind, können Sie auch Brot mit wenig Frischhefe ausprobieren. Das werden Sie zumindest besser vertragen.
Brot ist einfacher zu backen als jeder Kuchen. Ich habe damit sehr gute Erfahrungen gemacht. Ich backe einmal wöchentlich Brot und friere es portionsweise ein.
Bei selbstgebackenem Backpulver-Kuchen können Sie weiterhin Ihre Lieblingsrezepte anwenden, Sie müssen nur Weinsteinbackpulver aus dem Bioladen oder Reformhaus verwenden.
Rezepte finden Sie in den entsprechenden Kapiteln.

Essig

- dunkler Balsamico
- Weinessig
- Große Mengen von anderem Essig

Fertiggerichte

- Histaminhaltige Zusatzstoffe in Fertiggerichten.
- Fermentierte Zutaten könnten enthalten sein.

Fette und Öle

- Sonnenblumenöl
- Margarine
- Walnussöl

Fisch

- Fisch, der gelagert wurde, außer weißer Tiefkühlfisch
- Lachs
- Räucherfisch
- Thunfisch

> **Anmerkung**
> Weißer fangfrischer oder fangfrisch eingefrorener Fisch wird besser vertragen. Fisch, der nur gekühlt gelagert wurde, hat Histamin entwickelt und ist unverträglich.

Fleischwaren

- Dauerwurstwaren (Lagerwurst), z. B.
  - Salami
  - Teewurst
  - Schinken
  - Speck
- Geräucherte Wurst
- Geräuchertes Fleisch
- Trockenfleisch
- Luftgetrocknete Wurst
- Leber

- Leberwurst
- Gepökeltes Fleisch
- Hackfleisch, gelagertes
- Wurst, die nicht ganz frisch zubereitet wurde

Anmerkung
Je frischer das Fleisch oder die (Frisch-)Wurst, desto besser sind sie verträglich. Vorsicht bei Fleischsalat, dessen Inhalt Sie nicht genau kennen. Lassen Sie sich Hackfleisch immer frisch herstellen oder kaufen Sie sich einen Fleischwolf, den es elektrisch oder preiswerter mit Handkurbel gibt.

Gemüse

- Aubergine
- Oliven
- Pilze: Morcheln, Steinpilze
- Rucola (Rauke)
- Sauerkraut und jedes vergorene Gemüse
- Spinat
- Tomaten und alle Tomatenprodukte

Getränke

- Carobgetränke
- Johanniskrauttee
- Kakaogetränke
- Schwarzer Tee
- Sojadrink

Gewürze

- Brühwürfel, Brühe
- Chili
- Curry
- Gewürzsoßen (z. B. Maggi Würze)
- Ingwer
- Pfeffer
- Scharfe Gewürze
- Senf
- Sojasoße

Anmerkung
Bei Fertiggewürzen und Gewürzsoßen lässt sich nur schwer eine Aussage machen, denn die meisten Firmen verraten nur ungenau, was darin enthalten ist oder wie die Soße hergestellt wurde. Vorsicht also bei allen Fertigsoßen wie auch bei den Fertiggewürzen.

Hühnerei

- Eiweiß

Anmerkung
Eine kleine Menge Vollei in Keksen oder Kuchen könnte vielleicht verträglich sein. Wenn Sie nicht sehr empfindlich auf Histamine reagieren, sollten Sie das gegebenenfalls selbst ausprobieren. Eigelb und Eiweiß von Wachteleiern könnten für Sie verträglicher sein.

Hülsenfrüchte

- Bohnen
- Kichererbsen
- Linsen
- Lupinen
- Sojabohnen, Tofu

Konserven, Sauerkonserven

- Sauer eingelegte Lebensmittel
- Essiggurken, Gewürzgurken, eingelegt
- Konservierte Lebensmittel
- Kürbis, eingelegt
- Mixed Pickles
- Oliven, in Essig eingelegt
- Rote Bete, eingelegt
- Sauerkraut

Anmerkung
Jedes sauer eingelegte Gemüse ist ungeeignet. Auch wenn es nicht eingelegt, sondern wie Sauerkraut nur vergoren ist.

Meeresfrüchte

- Alle, z. B.
  - Austern
  - Garnelen, Crevetten
  - Hummer
  - Krabben
  - Krebse
  - Langusten
  - Muscheln
  - Tintenfisch, Kalmare / Calamari
  - Wasserschnecken

Milchprodukte

- Blauschimmelkäse, z. B.
  - Gorgonzola
  - Roquefort
- Cheddar
- Hartkäse, jeder gereifte Käse, z. B.
  - Emmentaler,
  - Gouda, gereifter
  - Parmesan
- Käsezubereitungen
- Raclette
- Rohmilchkäse
- Schafskäse wie Kuhmilchkäse
- Schmelzkäse
- Ziegenkäse wie Kuhmilchkäse

Anmerkung

Jeder Käse ist umso histaminhaltiger, je älter er ist. Ein junger Gouda ist histaminarm und ein alter Gouda histaminreich. Fragen Sie beim Kauf auch, ob der junge Gouda nicht lange gelagert wurde. Das gilt auch für den eigentlich erlaubten Frischkäse (Seite 57). Joghurt und Kefir können bei sehr empfindlichen Menschen ebenfalls zu Problemen führen, auch hier gilt: je frischer, desto verträglicher.

Nüsse und Saaten

- Sonnenblumenkerne
  - Brotaufstriche, die als Basis Sonnenblumenkerne enthalten
  - Sonnenblumenöl
- Walnüsse und Walnussöl

Obst

- Ananas
- Avocado
- Banane
- Erdbeere
- Guave
- Granatapfelkerne (Frucht ohne Kerne wird vertragen)
- Kiwi
- Papaya
- Zitrusfrüchte

Anmerkung
Je länger das Obst gelagert wird, desto höher steigt der Histamingehalt. So können auch hier nicht genannte Obstsorten durch lange Lagerung unverträglich werden.

Süßigkeiten / Süßmittel

- Carob
- Malzextrakt
- Süßholz, Lakritz
- Kakao
- Knabbergebäck (könnte histaminhaltig sein)
- Nougat
- Schokolade, Milch- und Zartbitterschokolade
- Süßigkeiten mit Konservierungsstoffen
- Reissirup (entsteht durch Fermentierung)
- Reisdrink (wird fermentiert)

Zusatzstoffe

- E124, Cochenillerot A, Ponceau 4R
- E102, Tartrazin
- E104, Chinolingelb
- E110, Gelborange S,
- E120, Karmin, Cochenille
- E122, Azorubin, Karmesin
- E123, Amarant
- E127, Erythrosin
- E128, Rot 2G, Azophloxin (in Hackfleisch, sofern nicht frisch durch den Wolf gedreht!)
- E200–203, Sorbinsäure, Kalium- und Calciumsorbat
- E210 bis E213, Benzoesäure Natriumbenzoat, Kaliumbenzoat, Calciumbenzoat

- E214 bis E219, Parabene
- E220 bis E228, Sulfite
- E220, Schwefeldioxid
- E231 und E232, Phenole, Phenyle
- E407 und E407a, Carrageene (Karrageene)
- E410, Johannisbrotkernmehl
- E441 Gelatine
- E600 bis E640, Geschmacksverstärker

- Bockshornklee

- Chinin
- Malz, Malzextrakt
- Schabzigerklee

- Folsäure
- Jod
- Jodiertes Kochsalz
- Senf
- Süßholz

Diese Lebensmittel vertragen Sie in geringer Menge

In dieser Liste finden Sie histaminarme Lebensmittel und jene, die nur wenig Histamin im Körper bilden.
In der ersten Zeit Ihrer Diät sollten Sie auch auf diese Lebensmittel verzichten und sie erst nach ein paar Wochen vorsichtig und nacheinander austesten. Einige verwendet man nur in so geringer Menge, dass sie wahrscheinlich ohnehin verträglich sind.

Alkoholika

Bier und Weißwein sind in geringer Menge möglicherweise verträglich. Rotwein ist sehr histaminhaltig und deshalb vollkommen ungeeignet. Alle anderen Alkoholika könnten aber die Probleme auch verstärken, denn sie erhöhen die Durchlässigkeit des Darms und damit kann sich das Histamin schneller in der Blutbahn verteilen. Selbst ein DAO-Hemmer (siehe Seite 34) würde nicht helfen, denn dieser baut

Histamin nur im Darm ab. Alkohol in kleiner Menge sollte also nur getrunken werden, wenn die verzehrten Lebensmittel histaminarm waren. Wie lange vor dem Alkoholkonsum das der Fall sein muss, ist sehr individuell und hängt damit zusammen, wie viel Zeit Ihre Verdauung benötigt.
Einige Weinkellereien bieten histaminfreien oder -armen Wein an. Da Alkohol aber die Darmwände für Histamin durchlässig macht (s.o.), könnte das Histamin dann in anderen gleichzeitig verzehrten Lebensmitteln zu Problemen führen. Diesen Wein und auch Bier sollte man daher nur mit histaminfreier Kost genießen.
Alkohol wie Wein oder Bier in gegarten Gerichten, beispielsweise in einer Soße, greift die Darmwände nicht an, ist aber durch das Erhitzen nicht histaminarm geworden.
Alkohol in medizinischen Tropfen ist für den Darm unschädlich, wenn sie vor der Einnahme in heißes Wasser getropft wurden.
Einige pflanzliche Tabletten oder Kapseln haben Alkohol als Auszugsmittel, was dann auch auf der Verpackung steht. Dieser Alkohol ist nicht mehr oder nur noch in Spuren vorhanden und wird dem Darm nichts antun.

Backwaren

- Brot mit einer geringen Hefemenge
- Buchweizen
- Gerste
- Kuchen mit „normalem" Backpulver
- Weizenbrot

Essig

- Apfelessig

Fette / Öle

- Erdnussöl
- Margarine mit Sojaanteil
- Olivenöl
- Sojaöl

Fisch

- Fisch, weiß und fangfrisch
- Fisch, weiß und fangfrisch eingefroren
- Fischstäbchen (die Kruste enthält Weizen und Vollei)

Fleischwaren

- Hackfleisch, frisch durch den Wolf gedreht
- Schweinefleisch
- Wildfleisch
- Wurst, die ganz frisch zubereitet wurde

Gemüse

- Aubergine
- Knoblauch
- Kohlrabi
- Lauch
- Mangold
- Pilze: Champignons
- Rosenkohl
- Tomate, gelbe

Getränke

- Brennesseltee
- Cola Getränke
- Grüner Tee
- Haferdrink
- Kaffee, Espresso
- Kohlensäurehaltiges Wasser
- Kräutertee
- Limonade
- Mate
- Reisdrink

Gewürze

- Bourbon Vanille, Vanillin
- Ingwerwurzel
- Milde Gewürze in geringer Menge
- Muskat

Hefe

- Bäckerhefe
- Hefe als Geschmacksverstärker in Brühen und Gewürzen

Hülsenfrüchte

- Frische Erbsen
- Tiefkühlerbsen, die frisch eingefroren wurden

Kräuter

- Schnittlauch

Milchprodukte

- Buttermilch
- Feta
- Joghurt
- Mandeltrunk
- Milch, laktosefrei
- Milchpulver
- Rohmilch
- Schmand, Saure Sahne

Nüsse und Saaten

- Cashewkerne, Cashewmus
- Haselnüsse, Haselnussmus
- Mandel, Mandelmus
- Mohn
- Sesam, Tahin (Sesammus)

Obst

- Birne (nicht zu reif)
- Feige, getrocknet
- Kochbanane, nicht zu reif (braune Flecken auf der Schale)
- Hagebutte
- Mango
- Pflaume
- Rhabarber
- Zwetschge

Salz

- Jodiertes Salz
- Salz mit Folsäure

Süßigkeiten

- Weiße Schokolade in kleiner Menge
- Plätzchen und Kekse, die kein oder nur wenig Eiweiß enthalten

Zusatzstoffe

- E412, Guarkernmehl
- Gluten als Zusatzstoff

Diese Lebensmittel dürfen Sie zu sich nehmen

Lebensmittel, die histaminfrei oder zumindest fast histaminfrei sind, habe ich hier aufgelistet.

Achtung
Bei leicht verderblichen Lebensmitteln wie frischem Obst und Gemüse kann sich durch Lagerung Histamin bilden. Dann sollten sie nicht mehr verzehrt werden.

Alkoholika

Sehr empfindlichen Menschen dürfen leider keine Alkoholika trinken. Auch als histaminfrei gekennzeichneter Wein könnte die Darmwände für Histamin in Lebensmitteln durchlässig machen, ebenso Bier.

Backwaren / Getreide

- Amaranth
- Brot ohne Weizen, nur mit Weinsteinbackpulver
- Dinkel, Dinkelnudeln
- Einkorn
- Emmer
- Hafer
- Hanfsaat
- Hirse
- Kamut
- Kuchen ohne Weizen, nur mit Weinsteinbackpulver
- Maisgrieß (Polenta), Cornflakes (ohne Malzextrakt)
- Quinoa
- Reis, Reisnudeln
- Roggen
- Sago, Perlsago

Essig

- Branntweinessig (Weingeistessig)
- Essigessenz
- Apfelessig

Fette / Öle

- Butter
- Palmfett
- Kokosfett
- Margarine ohne Sojaanteil
- Rapsöl
- Maiskeimöl

Fisch

- Fisch, der ganz frisch gefangen wurde
- Fisch der sofort nach dem Fang eingefroren wurde (siehe Lagerung, Seite 63)

Fleischwaren, Geflügel

- Bratenaufschnitt, nur selbst gemacht
- Geflügel muss frisch sein oder beim Einfrieren frisch gewesen sein:
  - Ente
  - Fasan
  - Gans
  - Huhn, Perlhuhn
  - Pute / Truthahn
  - Wachtel

- Hackfleisch aus Rind, Kalb oder Geflügel, frisch hergestellt ohne Zusätze
- Lammfleisch
- Kalbfleisch, frisch
- Rindfleisch, frisch
- Zungenwurst, Rind und Kalb

Gemüse

- Artischocke
- Broccoli
- Chicorée
- Fenchel
- Karotte (Möhre)
- Kartoffel
- Knoblauch
- Kohlsorten:
  - Blumenkohl, Romanesco
  - Chinakohl
  - Grünkohl
  - Pak Choi (Blätter- oder Senfkohl)
  - Rotkohl
  - Weißkohl
  - Wirsing
- Kürbis (alle Sorten)
- Lauch (Porree)
- Mais
- Marone (Esskastanie)
- Paprika, alle milden Sorten
- Pastinake
- Petersilienwurzel
- Radieschen
- Rettich
- Rote Bete
- Salate, alle
- Schwarzwurzel
- Sellerie
- Spargel, weiß und grün
- Gurke (frisch)
- Steckrübe
- Süßkartoffel
- Zucchini
- Zwiebel (nur kleine Menge)

Getränke

- Apfeltee aus getrockneten Apfelstücken
- Früchtetee aus verträglichen Früchten (siehe Obst)
- Hibiskustee
- Lapacho
- Leitungswasser
- Lindenblütentee
- Melissentee
- Milch
- Mineralwasser, stilles
- Pfefferminztee
- Rotbuschtee (Roibusch), natur
- Salbeitee
- Thymiantee

Gewürze

- Curcuma (Gelbwurz), Hauptbestandteil von Curry
- Paprika, edelsüß
- Zimt

Ei

- Eigelb (Huhn)
- Wachtelei

Kräuter

- Bärlauch
- Basilikum
- Bohnenkraut
- Dill in kleiner Menge
- Kümmel
- Majoran
- Melisse
- Oregano
- Petersilie
- Pfefferminze
- Rosmarin
- Salbei
- Schwarzkümmel
- Thymian
- Wacholder

Milchprodukte

- Brie
- Butter
- Butterkäse
- Camembert
- Frischkäse
- Gouda, jung
- H-Milch
- Hüttenkäse
- Kefir (meistens verträglich, Seite 48)
- Mascarpone
- Milch, pasteurisiert, frisch
- Mozzarella
- Naturjoghurt (meistens verträglich)
- Quark
- Ricotta
- Sahne (süß), Rahm
- Schafskäse, frisch
- Ziegenkäse, frisch

Anmerkung
In jedem Milchprodukt kann durch Lagerung Histamin entstehen.

Nüsse und Saaten

- Macadamianuss
- Kokosnuss, Kokosmilch, Kokoscreme

Obst

- Apfel
- Aprikose / Marille
- Brombeere
- Cranberry
- Dattel
- Granatapfelsaft
- Heidelbeere (Blaubeere, Waldbeere)
- Holunderbeere
- Johannisbeere, rot, weiß, gelb, schwarz
- Kaki, Persimone, Sharonfrucht
- Kirsche, süß und sauer
- Litschi (Lychee)
- Nektarine
- Pfirsich
- Preiselbeere
- Rosine, Korinthe
- Sanddorn
- Weintraube, weiß
- Zuckermelone, alle Sorten

Anmerkung
Je länger Obst gelagert wird, desto höher steigt der Histamingehalt.
Jedes erlaubte Obst ist als Trockenobst verträglich, wenn es vor dem Dörren nicht überreif war.
Säfte aus oben genanntem Obst sind ebenfalls erlaubt, sollten aber gleich nach dem Öffnen getrunken werden, damit kein Histamin entsteht.

Salz

Jedes naturbelassene Salz ohne Zusätze wie Jod oder Folsäure ist verträglich.

Süßigkeiten

- Bonbons
- Fruchteis, sofern die Ausgangsfrucht histaminarm war
- Kekse / Plätzchen nur mit Eigelb oder Wachtelei (Eigelb und Eiweiß)
- Milcheis mit erlaubten Zutaten
- Trockenobst

Süßungsmittel

- Agavendicksaft
- Ahornsirup
- Apfelkraut
- Dinkelsirup
- Fructose (Fruchtzucker)
- Honig
- Lactose (Milchzucker)
- Rohrzucker, Rohrohrzucker
- Stevia
- Süßstoffe
- Ursüße
- Zucker, weiß, auch karamellisiert
- Zuckerrübensirup

Zusatzstoffe

- E100, Curcumin
- E150, E150a, E150b Zuckerkulör
- E250, Natriumnitrit
- E300, Ascorbinsäure (Vitamin C)
- E330, Citronensäure, Zitronensäure
- E336, Kaliumtartrat

- Apfelpektin, Pektin
- Tapioka / Sago (geschmacksneutral, eine aus der Maniokwurzel gewonnene Stärke, geeignet zum Andicken von Saucen, Suppen und Süßspeisen)
- Weinsteinbackpulver (Bioladen, Reformhaus, gut sortierter Lebensmittelhandel)

Histaminliberatoren und biogene Armine

Histaminliberatoren sind Lebensmittel, die im Körper das körpereigene Histamin freisetzen und zu Beschwerden führen.

Biogene Armine entstehen durch enzymatische Stoffwechselvorgänge im Körper, setzen dort das körpereigene Histamin frei und können dadurch ebenfalls Beschwerden auslösen.
Beide können zusätzlich histaminreich sein.

Liste der histaminauslösenden Lebensmittel

Einige der Lebensmittel werden Sie verwenden können, denn die geringe Menge, zum Beispiel bei Muskat oder Chili, können Sie wahrscheinlich vertragen. Trotzdem habe ich hier für empfindliche Menschen alle aufgelistet, allerdings ohne sie zu unterscheiden. Die Unterscheidung ist verwirrend und deshalb nicht hilfreich. Viele der Lebensmittel sind zusätzlich histaminreich.
Leider müssen Sie für sich selbst herausfinden, welche Sie davon in welcher Menge vertragen.

Alkohol, jeder, vor allem Rotwein
Ananas
Avocado
Banane
Birne
Bitter Lemon
Buchweizen
Cashewkern
Champignon
Chili
Chinin in Getränken (z. B. in Bitter Lemon und Tonic Water)
Energy Drinks
Erdbeere
Farbstoffe, diverse
Fermentierte Lebensmittel (z. B. Reisdrink, Reissirup)
Fetakäse
Fisch, lange gelagert (außer tiefgekühlter)
Fleisch, lange gelagert
Gelatine
Glutamat
Grüntee
Hagebutt
Haselnuss
Hefe
Himbeere
Hühnereiweiß
Hülsenfrüchte
Innereien
Kakao (Schokolade)
Käse (lange gereift)
Käse aus Rohmilch
Käsezubereitungen
Kiwi
Konservierungsmittel, diverse
Krustentiere
Lakritz
Leber
Mango
Mate
Meeresfrüchte
Multivitaminsäfte
Muskatnuss
Papaya
Pflaume,
Rotwein
Rucola
Sauerkraut
Schalentiere
Schinken, roh und geräuchert
Schmelzkäse
Schwarzer Tee
Schweinefleisch
Senf
Soja
Sonnenblumenkerne
Speck
Tomate
Tonic Water
Walnuss
Wassermelone
Weizenkeime
Wurst aus rohem Fleisch und lange gelagert (z. B. Schinkenwurst, Salami, Cervelatwurst)
Wurst, gepökelt oder geräuchert
Zitrusfrüchte
Zwiebel

DAO-Hemmer

Es gibt eine kleine Menge Lebensmittel, die eine Diaminoxidase-Produktion (DAO) im Darm hemmen. In diesem Fall könnte die Einnahme von Vitamin-B_6-Präparaten (Seite 35) möglicherweise hilfreich sein. Deshalb hier eine Liste dieser Lebensmittel:

- Alkohol, alle (außer Rotwein), siehe auch Seite 50.
- Energy Drinks
- Grüntee
- Kakao (Schokolade)
- Mate
- Muskatnuss
- Schwarzer Tee

Säfte

Vorsicht bei Multivitaminsäften, denn sie enthalten oft histaminhaltige Zitrusfrüchte. Selbst wenn Sie eine kleine Menge von frischer Orange oder Zitrone vertragen, könnte die Konzentration im Saft unverträglich sein.
Alle Säfte aus erlaubtem Obst müssen frisch getrunken werden, denn nach dem Öffnen der Flasche fangen alle Säfte an zu gären, und dann entwickelt sich Histamin. Kühlung verlangsamt diesen Prozess. Das gilt natürlich für alle verträglichen Säfte.

Unklare Lebensmittel / Fertigprodukte

Leider gibt es Lebensmittel, deren Histamingehalt unbekannt ist. Das gilt auch für Lebensmittel, die Histamin im Körper ausschütten. Hier müssen Sie beim Ausprobieren besonders vorsichtig sein. Besondere Vorsicht ist bei Fertiglebensmitteln angebracht, denn nur der Hersteller kennt die genauen Zutaten. Kleine Gewürzmengen oder Zusätze, die nicht alle auf der Verpackung stehen müssen, können die Histaminausschüttung im Körper stark anregen, auch wenn sie selbst histaminfrei sind.
Leider kommt noch dazu, dass jeder Mensch etwas anders reagiert und viele Faktoren eine Rolle spielen. Wenn Sie also erfahren, dass eine andere Person ein bestimmtes Lebensmittel vertragen hat, bedeutet es nicht zwangsläufig, dass es auch Ihnen bekommt.
Es gibt heute unendlich viele vorgefertigte Lebensmittel, die eine unbekannte Menge Histamin oder „Histaminausschütter“ enthalten. Eine entsprechende Produktliste wäre zwangsläufig überaus lang und trotzdem niemals vollständig, denn die

Zeit ist sehr schnelllebig geworden und schon nach Redaktionsschluss des Buches könnte die Liste veraltet sein. Der einzig sinnvolle Weg ist daher eine

Anfrage beim Hersteller

Man kann die Hersteller im Internet finden und per Email Kontakt aufnehmen oder den Händler nach der Adresse fragen. Grundsätzlich habe ich die Erfahrung gemacht, dass Firmen, die biologische Produkte für den Naturkosthandel und die Reformhäuser herstellen, gerne hilfsbereit sind und Auskunft geben. Zumal viele Hersteller Familienbetriebe sind und eine ganz andere Einstellung zur Nahrung haben. Fragen Sie also nach dem Histamingehalt einzelner Lebensmittel, obwohl Sie meistens keine ganz genauen Zahlen bekommen können. Aber auch Annäherungswerte sind hilfreich.
Dasselbe gilt auch für Medikamente: Wenn Ihnen Ihr Arzt oder Apotheker keine genaue Auskunft über die histaminausschüttende Wirkung einzelner Medikamente geben kann, fragen Sie auch hier bei den Pharmafirmen nach. Einige werden Ihnen keine Auskunft geben, in diesem Fall bitten Sie Ihren Apotheker nachzufragen. Er wird auf jeden Fall eine Antwort erhalten.

Mustertext für eine Anfrage:

Sehr geehrte Damen und Herren,

ich leide an einer stark ausgeprägten Histaminintoleranz. Bitte teilen Sie mit, ob XYZ (das Medikament oder Lebensmittel nennen) **Histamin im Körper ausschüttet oder den Abbau hemmt.**
Bitte teilen Sie es mir zeitnah mit, damit ich gegebenenfalls bald mit der Einnahme des Medikaments beginnen/Ihr Produkt in meiner Küche verwenden kann. Vielen Dank.

Mit freundlichen Grüßen
Name

Histamin ist hitzebeständig

Leider lässt sich Histamin lässt durch Kochen oder Einfrieren nicht vertreiben. Trotzdem können Sie ein gekochtes Lebensmittel eventuell besser vertragen. Das liegt dann aber daran, dass Sie zusätzlich allergisch darauf reagieren und dabei gilt, dass aufgewärmte oder gegarte Lebensmittel verträglicher sind.
Die einzige Möglichkeit, den Histamingehalt zu beeinflussen, ist die gute und gekühlte Lagerung oder idealerweise eben keine Lagerung.

Lagerung von Lebensmitteln

Je frischer ein Lebensmittel ist, desto weniger Histamin enthält es, denn mit der Reifung und Lagerung steigt der Gehalt. Das gilt für Obst, Gemüse, Fleisch, Fisch, Geflügel und auch für Eier. Lebensmittel sollten also frisch gekauft und bis auf wenige Ausnahmen im Kühlschrank gelagert werden.
Ein gutes Beispiel ist Fisch: Weißes Fischfleisch wird vertragen, wenn es entweder ganz frisch ist, also kurz nach dem Fang, oder wenn es sofort eingefroren wurde. Dabei darf die Kühlkette keinesfalls unterbrochen werden.
Scheuen Sie sich nicht, auch Ihr Obst, beispielsweise Äpfel, im Kühlschrank zu lagern. Selbst Bananen, sofern Sie eine kleine Menge vertragen, können in einem Kunststoffbeutel im Kühlschrank gelagert werden. Sie werden dann nicht schwarz und halten sich deutlich länger. Kleine Mengen, also auch mal nur ein Stück, können entnommen werden. Die Schnittstelle zusätzlich mit einem kleinen Stück Folie abdecken. Vor dem Verzehr an dieser Stelle ein paar Millimeter abschneiden, bis die Schnittfläche wieder frisch ist.
Zwiebeln sollten nicht in der Nähe von Kartoffeln gelagert werden, denn diese fördern durch ihre Ausdünstung deren Keimung. Äpfel geben außerhalb des Kühlschranks ebenfalls Dämpfe ab, die das umliegende Obst schneller reifen lassen.
Das gilt auch für andere Obst- und Gemüsesorten. Daher sollte so viel wie möglich im Kühlschrank gelagert werden – mit Ausnahme folgender Lebensmittel, die keine Kälte vertragen:

- Gelbe Tomaten verlieren an Aroma.
- Gurken werden glasig.
- Zwiebeln bleiben ohne Kühlung frisch.
- Kartoffeln lagert man dunkel, aber nicht im Kühlschrank, denn dieser ist zu kalt.

Ändern Sie Ihr Einkaufsverhalten

Es ist besser, nicht alle Lebensmittel im selben Supermarkt zu kaufen. Wenn Sie wissen wer was wann anbietet, können Sie entsprechend die Einkäufe und den Speiseplan planen. Wichtig ist vor allem, dass Sie immer frisches Gemüse, Obst, Fleisch und Geflügel bekommen. Gibt es bei Ihnen einen Biohändler, der Ihnen Obst und Gemüse ins Haus bringen kann? So ein Lieferservice liefert seine Produkte im Idealfall regelmäßig, gut gekühlt und ohne Unterbrechung der Kühlkette. Oft bietet er auch Fleisch und Geflügel an.

Wenn Sie nicht gerade am Meer oder einem fischreichen See, Fluss oder Bach leben, kann es mit dem Fisch schwierig sein. Greifen Sie zurück auf Tiefkühlware und achten Sie – wie bei jeder Tiefkühlkost – darauf, dass auf dem Heimweg nichts antaut. Kühltaschen oder -beutel eignen sich gut dafür und Sie können sie zusätzlich im Auto noch in eine Wolldecke wickeln.

Gemeinsame Erkrankungen und Verwechslungen

Falls Sie trotz histaminarmer Diät keine oder nur wenig Besserung Ihrer Beschwerden verspüren, gibt es noch nachfolgende Erkrankungen, die ähnliche Beschwerden machen können oder an denen Sie möglicherweise zusätzlich leiden.

- **Allergien** auf Lebensmittel. Hier gibt es viele Möglichkeiten. Auffällig ist, dass sie sehr oft Menschen betreffen, die auch eine Histaminintoleranz haben. Viele Allergiker haben eine gestörte Darmflora oder gar eine Pilzbesiedlung (Candida) im Dickdarm.
- **Fructoseintoleranz**. Fruchtzucker aus Obst, Gemüse und Zucker wird nicht vertragen. Es kommt vor allem zu starken Darmproblemen. Auch hier kann die Ursache eine vorangegangene Antibiotikabehandlung ein.
- **Laktoseintoleranz**. Hier wird der Laktose- also Milchzuckergehalt in der Milch nicht vertragen, oftmals auch verursacht durch eine erworbene Darmstörung. Dies kann beispielsweise eine Zöliakie / Sprue sein. Eine erworbene Darmflorastörung kann auch durch eine Antibiotikabehandlung hervorgerufen werden.
- **Morbus Crohn** und **Colitis ulcerosa**, zwei Darmentzündungen, die leichte bis sehr heftige Beschwerden machen, aber meistens mit Blut im Stuhlgang verbunden sind. Fast immer ist im Venenblut eine Entzündung nachweisbar.
- Bei der **Pyrrolurie**, auch Kryptopyrrolurie genannt, werden Häm-Stoffwechselprodukte über den Harn ausgeschieden, was zu vielen Beschwerden führen kann. Dazu gehören gelegentlich auch Oberbauchbeschwerden und Durchfall, aber vor allem auch ADS- und ADHS-Probleme (Aufmerksamkeits-/ Hyperaktivitäts-Störungen). Die Diagnose erfolgt durch eine spezielle Urinuntersuchung und die Therapie ist eine kontrollierte Supplementierung von Zink und aktivem Vitamin B_6.
- Der **Reizdarm** kann allerlei Beschwerden machen, die oft aber nicht mit speziellen Lebensmittelgruppen zu tun haben. Bei einem Reizdarm verbessern sich die Beschwerden meistens nicht durch eine histaminfreie oder -arme Diät. Allerdings kann Histamin eine Rolle dabei spielen oder selten gar der Verursacher sein.

- **Zöliakie** (Glutenunverträglichkeit, Diagnosestellung im Kindesalter) oder **Sprue** (Diagnosestellung bei Erwachsenen mit Folgebeschwerden durch Fehlernährung) ist eine genetisch bedingte Störung des Dünndarms. Gluten im Getreide wird nicht vertragen und muss lebenslang streng gemieden werden. Gluten zerstört die Darmzotten im Dünndarm. Fast immer erholt sich der Dünndarm durch glutenfreie Ernährung. Durch die fehlenden Zotten und die daraus resultierenden Probleme kann zusätzlich eine meist vorrübergehenden Laktose- oder Fructoseintoleranz entstehen. Die Diagnose sollte durch eine Dünndarmbiopsie gesichert werden.

Alltagsprobleme

Zu Hause

Wenn Sie persönlich mit einer Histaminintoleranz zurechtkommen – was meistens erstaunlich schnell geht –, wird sich zu Hause auch alles finden. Sie wird bald kein Gesprächsthema mehr sein und Ihnen sogar ganz normal vorkommen. Es geht Ihnen besser, und diese Tatsache hilft enorm. Kochen Sie möglichst nicht immer extra für sich oder die betroffene Person. Keinem schadet eine histaminarme Diät. Das heißt aber nicht, dass andere um Sie herum nicht gereiften Käse oder gelagerte Wurst zu essen bekommen. Wenn es ein Backblech voller Pizza gibt, genügt es ja, wenn eine Ecke frei von Tomatensoße und der Teig möglichst aus Dinkelmehl ist. Durch die Tatsache, dass Sie sich mit Lebensmitteln und deren Inhaltsstoffen beschäftigen, wird vielleicht sogar die Ernährung der ganzen Familie gesünder. Daran, dass Sie viele Fertigbrühen und -gewürze nicht mehr vertragen, werden Sie sich gewöhnen. Ihre Geschmacksnerven sind an diese Aromen gewöhnt. Lässt man Geschmacksverstärker und Aromen weg, schmeckt zunächst alles etwas fader, was sich aber bald ändert. Ihr Geschmackssinn wird wieder feiner und Sie werden wahrscheinlich diesen neuen Naturgeschmack sogar schätzen.

Selbstverantwortung

Wenn die betroffene Person Ihr Kind ist, beziehen Sie es ein in Ihr Wissen über die neue Ernährung. Ihr Kind sollte, je nach Alter, sich selbst auch damit beschäftigen. Ich habe schon Dreijährige erlebt, die mir gesagt haben: „Nein, das darf ich nicht essen". (Ich biete Obst und Kekse im Wartezimmer an.) Das ist die beste Versicherung dagegen, dass Ihr Kind ohne Ihr Wissen etwas Unverträgliches isst. Dazu kommt, dass es die eigene Ernährung vollkommen normal und richtig empfindet. Lassen Sie sich nach Möglichkeit auch von Ihrem Kind helfen, wenn Sie das Essen zubereiten. Und im Restaurant kann Ihr Kind, je nach Alter, vielleicht sogar selbst mit dem Kellner über das Menü reden.

Familie und Freunde

Die Familienangehörigen oder Freunde, die Sie gelegentlich besuchen, informieren Sie am besten, bevor Sie zum Essen eingeladen werden. Das geht sehr gut mit dem Zettel, den Sie auch für den Restaurantbesuch schreiben (Textbeispiel am Ende des Kapitels). Bieten Sie beim Kochen Ihre Hilfe an. Bringen Sie gegebenenfalls etwas mit.
Das Kuchenbüfett können Sie mit einem Kuchen aus Dinkelmehl mit Weinsteinbackpulver bereichern. Kleben Sie an einen Zahnstocher ein Fähnchen, auf dem die Besonderheit vermerkt ist.
Wenn über die Diät und „Krankheit" des Kindes gesprochen wird, sorgen Sie dafür, dass Ihr Kind nicht immer zuhören muss, denn das mag es irgendwann nicht mehr hören. Je weniger darüber geredet wird, desto normaler wird die Situation für Ihr Kind.

Kindergarten und Kita

Selbstverständlich müssen Erzieherinnen über die besondere Ernährung aufgeklärt werden. Dafür ist es sinnvoll, einen ausführlichen Zettel mit den verbotenen und erlaubten Lebensmitteln abzugeben. Ich würde der Erzieherin, die für Ihr Kind zuständig ist, auch eine gefüllte Keksdose geben, damit Ihr Kind nicht zuschauen muss, wie andere bei einem Geburtstag etwas zu naschen bekommen und es selber leer ausgeht.
An den Tagen, an denen es ein „gesundes Frühstück" gibt, bitte einfach Ihrem Kind das richtige mitgeben. Bekommt Ihr Kind täglich ein Essen im Kindergarten oder der Tagesstätte, führen Sie gleich zu Beginn ein Gespräch mit der Leitung der Einrichtung.

In der Schule

Die Kinder sind dann schon älter und werden einen großen Teil der Verantwortung selbst übernehmen können. Trotzdem sollte das Lehrpersonal unbedingt unterrichtet werden. Auch in Grundschulen gibt es gelegentlich einen Tag zum Thema gesundes Frühstück. Sorgen Sie dafür, dass Ihr Kind auch ein für sich gesundes Frühstück bekommt. Wenn es Ihnen möglich ist, bieten Sie Ihre Hilfe an.
Vor einem Aufenthalt im Schullandheim kann Kontakt mit der Herbergsleitung aufgenommen werden. Die kennt es meistens schon, dass Kinder nicht alles essen dürfen, und wird sich bestimmt darauf einstellen. Größere Kinder und Jugendliche

sollten sich verantwortungsvoll selbst um ihr Essen bemühen. Das gehört zum Lernen fürs Leben.
Haben Sie schon von dem neuen Erziehungs-Phänomen Helikopter-Eltern gehört? Diese Eltern umkreisen ihre Kinder ständig und lassen sie nichts alleine machen. Trauen Sie Ihrem Kind Eigenverantwortung zu, damit es später auch ohne Sie gut zurechtkommt.

Der Kindergeburtstag

Klären Sie die Mutter des Geburtstagskindes im Vorfeld über die besondere Ernährung auf. Spendieren Sie einfach einen für Ihr Kind verträglichen Kuchen für alle. Geben Sie der Mutter auch eine Liste der verträglichen Naschereien. Wenn Sie selbst einen Kindergeburtstag ausrichten, gibt es einfach für alle Kinder histaminarme Nahrungsmittel und niemand wird es bemerken.
Bedenken Sie, wenn Sie nicht mit den Müttern offen darüber reden und ihnen gegebenenfalls helfen, wird Ihr Kind vielleicht nicht mehr eingeladen.

Die Einladung bei Freunden

Eine Einladung kann zum Problem führen. Ich erfahre immer wieder, dass sich jemand nicht getraut hat, dem Gastgeber von der Diät zu erzählen, und hinterher gelitten hat. Aus eigener Erfahrung weiß ich aber, dass Gastgeber in der heutigen Zeit, in der viele Menschen Diäten einhalten müssen, viel Verständnis haben und nach erlaubten Nahrungsmitteln fragen. Scheuen Sie sich also nicht und gehen Sie offensiv mit dem Problem um.
Idealerweise nimmt man vor dem Besuch Kontakt auf und erklärt die Diät. Entweder kann der Gastgeber etwas für Sie zubereiten oder Sie vereinbaren, dass Sie etwas mitbringen.
Nach einer Weile werden alle Ihre Verwandten und Freunde wissen, dass Sie nicht alles essen dürfen und werden selbst dafür sorgen, dass auch für Sie etwas dabei ist. Das vorherige Abklären verhindert auch, dass während des Essens über Ihre Diät gesprochen wird. Das und Mitleid erträgt man nämlich nach einer Weile nicht mehr, vor allem, wenn der Zustand für Sie oder Ihr Kind „normal" geworden ist, also zum Alltag gehört.
Halten Sie sich auch bei Feiern mit dem Alkohol zurück. Erklären Sie es und lassen Sie sich nicht überreden mit Sprüchen wie: „Ach, heute geht doch mal, kann doch nicht so schlimm sein …". Ich persönlich habe noch nie auch nur geringe Mengen Alkohol getrunken und habe viel Unverständnis erlebt. Trotzdem bin ich immer

dabei geblieben und erlebe, wie in den letzten Jahren das Verständnis dafür immer besser wird. Bedenken Sie, dass Sie möglicherweise ein paar Tage leiden müssen, nur weil Sie nicht nein gesagt haben.

Der Sektempfang

Sekt ist nicht erlaubt und erscheint einem manchmal unausweichlich. Eine Hochzeitsfeier ohne Sekt ist fast undenkbar. Gerade bei solchen Situationen mag man nicht diskutieren. Der Orangensaft geht auch nicht und nach Mineralwasser zu fragen, ist bei manchen Gelegenheiten unangebracht.
Ich habe einen Trick entwickelt, den ich seit Jahren erfolgreich und unbemerkt anwende: Eigentlich muss man bei diesen Anlässen ja nur einmal mittrinken. Es gibt bei dieser Gelegenheit den Moment, bei dem alle das Glas am Mund haben. Niemand achtet dabei auf einen anderen Menschen. Ich hebe das Glas ebenfalls an, trinke aber nicht, stelle es danach auf einen Tisch und entferne mich.
Ich selbst habe schon bei solchen Gelegenheiten bedient und oft Sekt weggegossen, weil einige Gläser noch voll oder auch nur angetrunken waren.

Grillparty

Fragen Sie vorher, wie frisch das Fleisch ist und welche Soßen es gibt. Bringen Sie gegebenenfalls Eigenes mit. Falls Sie kein Fleisch vertragen, bringen Sie in Alufolie eingewickelte Kartoffeln und eventuell Karotten mit und lassen diese mitgrillen. Ich viertle die Kartoffeln dafür und würze sie mit etwas Öl und Salz. Ich musste schon nochmals nach Hause gehen und weitere Kartoffeln so verpacken – für den Rest der Gäste.

Pizzabacken in der Gemeinschaft

Ein schwieriges Thema, denn jede Pizza besteht aus Weizenmehl, im Teig ist Olivenöl und die Tomatensoße darf nicht fehlen. Bei Kindern ist das gemeinsame Pizzabacken aber sehr beliebt. Heimatmuseen mit Backhäusern bieten es an, genauso wie Schulen und Kindergärten. Hier gibt es viele Möglichkeiten. Schlagen Sie einen Pizzateig aus Dinkel für alle vor oder geben Sie Ihrem Kind einen eigenen Dinkelteig mit.
Geben Sie Ihrem Kind die passende Menge Paprikamark oder – sofern verträglich – Mark aus gelben Tomaten als Ersatz für die Tomatensoße mit.

Essen im Restaurant

Ich persönlich empfinde das Essen in einem Restaurant als das Schwierigste bei einer Diät, die man einhalten muss. Die Bedienung notiert alles, hat bestimmt auch Verständnis, kennt die Diät möglicherweise auch, aber der Koch hat viel zu tun und Probleme damit.

Klären Sie die Diätfrage daher möglichst vorher ab, damit es im Lokal nicht zu langen Diskussionen kommt, was meistens auslöst, dass alle übrigen Gäste am Tisch das Thema gerne aufgreifen und über ihre eigenen Beschwerden sprechen. Und das will doch keiner, oder? Auch hier spreche ich wieder aus eigener Erfahrung.

Schreiben Sie zusätzlich einen Zettel für den Koch. Ich habe immer einen solchen Zettel bei mir, damit ich auch bei ungeplanten Restaurantbesuchen keine Probleme bekomme.

Erfahrungsgemäß ist es besser, mit dem Kellner oder Koch die Speiseauswahl zu besprechen, als nur einen Wunsch zu äußern. Gutes Servicepersonal weiß, was in der Küche möglich ist.

Wenn die Möglichkeit besteht, nehme ich ein paar Tage vorher Kontakt auf, beachte, dass mein Anruf nicht gerade in der Hauptarbeitszeit für den Koch ist stattfindet, und bespreche mein Menü.

So vorbereitet habe ich schon wunderbares und leckeres Essen bekommen. In einem guten Lokal habe ich einmal eine Eiscreme bekommen, nachdem ich etwa zehn Jahre lang nicht so recht gewusst hatte, welche ich vertragen und wie ich eine herstellen könnte. Als ich sie dort bekam, trieb es mir die Freudentränen in die Augen – und ich hatte danach viele gute Eiscreme-Ideen.

Beim nachfolgenden Musterschreiben habe ich Hinweise und Lebensmittel weggelassen, die für die Küche zu kompliziert wären oder in einem Restaurant nicht zur Anwendung kommen. Sie werden ohnehin nicht das bestellen, was Sie nicht vertragen. Das gilt auch für Getränke.

Ich habe eine Histaminintoleranz und darf deshalb Folgendes nicht essen:

- **Backwaren:** Brot aus Weizen, Kuchen mit Hefe oder Backpulver (außer Weinsteinbackpulver)
- **Essig / Gewürze:** dunkler Balsamico, Weinessig,
  Brühwürfel, Gewürzsoßen und Fertiggewürze, Sojasoße,
  scharfe Gewürze, wie z. B. Chili, Curry, Ingwer, Senf
- **Fette und Öle:** Sonnenblumenöl, Olivenöl, Walnussöl, Margarine
- **Fisch:** Fisch, der gelagert wurde, Lachs, Räucherfisch, Thunfisch, alle Meeresfrüchte

- **Fleischwaren:** Gelagertes Fleisch und Hackfleisch, Leber, Dauerwurstwaren, Wurst, die nicht ganz frisch zubereitet wurde geräuchertes und gepökeltes Fleisch und Wurst
- **Gemüse:** Tomaten und alle Tomatenprodukte aus roten Tomaten, Auberginen, Oliven, Spinat, Rucola (Rauke), Sauerkraut und jedes vergorene Gemüse, sauer eingelegte Lebensmittel.
- **Pilze:** Morcheln, Steinpilze
- **Hühnerei:** Eiweiß vom Huhn
- **Hülsenfrüchte:** Bohnen, Kichererbsen, Linsen, Lupine, Sojabohnen, Tofu
- **Milchprodukte:** Hartkäse, jeden gereiften Käse, Käse aus Rohmilch, Käsezubereitungen, Schmelzkäse, Raclette, Cheddar, Rohmilchkäse, Roquefort
- **Nüsse und Saaten:** Sonnenblumenkerne, Walnüsse
- **Obst:** Ananas, Avocado, Bananen, Erdbeeren, Guave, Kiwi, Papaya, Zitrusfrüchte
- **Süßigkeiten / Süßmittel:** Carob, Kakao, Schokolade, Malzextrakt, Reissirup, Süßholz, Lakritz, Knabbergebäck, Süßigkeiten mit Farbstoffen
- **Zusatzstoffe:** E410 Johannisbrotkernmehl, E600 bis E640 Geschmacksverstärker, E441 Gelatine, Chinin, Bockshornklee und Schabzigerklee, Folsäure im Kochsalz, jodiertes Kochsalz, Rotwein im Essen, Kakao

Ich darf essen:

Was oben nicht auf der Liste steht, darf ich essen. Außerdem:

- Wachteleier (Vollei)
- Frischen weißen Fisch, fangfrisch oder frisch aufgetaut
- Fleisch muss ebenfalls frisch sein, das gilt vor allem für Hackfleisch. Dieses muss direkt vor dem Braten hergestellt worden sein.
- Je frischer Gemüse und Obst ist, desto besser vertrage ich es.
- Eine kleine Menge ist erlaubt von gelben Tomaten und Weizen.

Vielen Dank für Ihre Hilfe.

Hinweis: Bitte ergänzen Sie diese Liste um die Lebensmittel, die Sie in geringer Menge vertragen.

Außer Haus

Urlaubsreisen

Wenn Sie ein Hotel buchen, in dem es ein Büfett gibt, wird die Auswahl groß genug sein. In den meisten Ländern wird es keine Fertigprodukte mit versteckten histaminhaltigen Nahrungsmitteln geben. Erfahrungsgemäß ist das Einhalten einer Diät, auch wenn sie kompliziert ist, in vielen, vor allem südlichen Urlaubsländern einfacher als hier bei uns. Denn dort werden meistens nur frische Lebensmittel verwendet, die täglich auf dem Markt oder beim Großhändler gekauft werden.
Dass es Menschen gibt, die nicht alles vertragen, stößt bei unseren Reisen zwar gelegentlich auf Erstaunen, aber die Hilfsbereitschaft war bisher überall hervorragend. Vielleicht bekommt man nicht in jedem Lokal die passende Diät. Das ist aber nicht schlimm, denn in den meisten Orten der Welt gibt es mehrere Restaurants, manchmal sogar nebeneinander. Selbst ohne Sprachkenntnisse wie in China, Tibet, Albanien, Usbekistan und anderen Ländern mit wenig Tourismus gab es, dank meines Zettels (siehe folgendes Muster) und der Hilfsbereitschaft vor Ort keinerlei Probleme. Tatsächlich bin ich auf unseren Reisen noch nie durch ein Lebensmittel krank geworden. Das Essen war nicht immer luxuriös, doch es gab eine ehrliche regionale Küche, die gut geschmeckt hat.

Übersetzungen für den Urlaub

Für Ihre Auslandsreise ist es sinnvoll, wenn Sie einen in der entsprechenden Landessprache übersetzten Zettel mitnehmen, auf dem steht, was Sie essen dürfen und was nicht. Bei diesem Zettel kommt es nicht darauf an, ob er grammatikalisch korrekt ist. Sie können also Online-Übersetzer benutzen, die manchmal witzige Vorschläge machen: Einmal hat Google aus dem Dinkel einen Magier gemacht. Der Kellner hat sich köstlich amüsiert.
Auf anderen Reisen habe ich mit Hilfe eines Kellners auch schon die Zutaten dazugeschrieben, die ich essen darf. Mit einem solchen Zettel in der jeweiligen Landesprache haben wir schon die entlegendsten Länder der Welt, individuell als „Rücksackreisende", bereist.
Hier eine englische Version des Zettels, als Beispiel, dabei sollten Sie das für Sie verträgliche Gemüse und Obst natürlich weglassen.

Hinweis: Bitte ergänzen Sie diese Liste um die Lebensmittel, die Sie in geringer Menge vertragen.

I suffer from a very special disease and am not allowed to eat the following food (containing histamine):

- **Bread**: from wheat, yeast or baking powder cake (except cream of tartar)
- **Vinegar/spices**: balsamic and wine vinegar, bouillon cube, seasoning sauces and ready spices, soy sauce, hot spices, such as chili, curry, ginger, and mustard
- **Fats and oils:** sunflower oil, olive oil, walnut oil, and margarine
- **Fish:** fish that was stored, salmon, smoked fish, tuna, and all seafoods
- **meat products**: meat soaked and ground beef, liver, smoked sausage, sausage that was not quite fresh, smoked and cured meat, and sausage
- **Vegetables:** Tomatoes and tomato products, all made from red tomatoes, eggplant, olives, spinach, arugula, sauerkraut and each fermented vegetables, and pickled foods
- **Mushrooms:** morels and porcini mushrooms
- **Egg:** egg white (chicken)
- **Legumes:** beans, chickpeas, lentils, lupine, soybeans, and tofu
- **Dairy products:** hard cheese, each matured cheese, cheese from raw milk, Cheese preparations, Raclette, Cheddar, and Roquefort
- **Nuts and seeds**: sunflower seeds and walnuts
- **Fruits**: pineapple, avocado, bananas, strawberries, guava, kiwi, papaya, and citrus fruits
- **Sweets/Sweeteners:** carob, cocoa, chocolate, malt, rice syrup, licorice, snacks, and sweets with dyes
- **Additives:** E410 locust bean gum, E600–E640 flavor enhancer, E441 gelatin, quinine, fenugreek and blue-white trigonella, folic acid salt, iodized salt, red wine in food, and cocoa

I can eat:
I can eat anything that is not on the list above.
I can also eat:
Quail eggs (whole egg)
Fresh white fish, or freshly unfrozen
Meat also must be fresh, especially hash. This must have been prepared directly before frying.
The fresher vegetables and fruit, the better I can tolerate them.
A small amount is allowed from: Yellow tomatoes and wheat.

Could you please give me some allowed food.
Thank you for your assistance.

Das Wort „Histamin“ ist in den meisten Sprachen sehr ähnlich, was mit dem altgriechischen Ursprung „Histos“, das Gewebe zu tun hat. Allerdings werden Sie es weder hier noch in einem anderen Land auf der Welt als Zutat auf einer Verpackung finden.

Kosmetika

Sie können davon ausgehen, dass eine Kosmetik mit Zitrusfrüchten (z. B. Weleda Deo) histaminhaltig sein kann. Ich habe keine Liste mit Histamin in Kosmetika ausfindig machen können. Wenn Sie also Hautjucken durch ein Produkt bekommen, könnte es einerseits histaminhaltig sein, andererseits können Sie auch allergisch auf andere Inhaltsstoffe reagieren. Probieren Sie Kosmetika mit möglichst wenigen Zusätzen. Reiben Sie sich etwas davon auf eine kleine Fläche an der Arminnenseite. Dort ist die Haut besonders empfindlich. Wenn Sie an dieser Stelle auch nach ein paar Stunden nicht reagiert haben, werden Sie das Produkt wahrscheinlich vertragen.
Viele Geschäfte bieten kleine Proben an, oder es steht ein Muster zum Testen im Regal, das Sie nutzen können.

Kochrezepte

Einleitung

Um den Rahmen des Buches nicht zu sprengen, habe ich mich bei einigen Gemüse- und Obstsorten auf kurze Hinweise beschränkt. Viele der Gemüse werden Sie kennen und haben Ihre eigenen Rezepte, die Sie vielleicht nur ein wenig umwandeln müssen oder sogar wie bisher zubereiten können.
Bei Geflügel-, Fleisch- und Fischgerichten ist es wichtig, dass Sie nur frisches Fleisch verwenden. Viele Ihrer Rezepte werden sich also nicht ändern.
Ich selbst lebe fast vegan und bereite nur gelegentlich ein Fleischgericht für meinen Mann oder für Besuch zu. Ich lebe glutenfrei, backe aber für meinen Mann sehr oft Brot aus Dinkel und Roggen. Ich habe alle Rezepte in diesem Buch selbst zubereitet und mir Notizen für dieses und andere Bücher gemacht.
Die Rezepte in dem Buch sind alle histaminarm oder -frei.
Einige Rezepte enthalten beispielsweise Zwiebeln oder Mandeln, die etwas Histamin enthalten, aber in dieser geringen Menge meistens vertragen werden.

Portionsgrößen

Man rechnet etwa 200 bis 300 Gramm Gemüse je Portion. Bei Fleisch oder Fisch kann man mit 150 bis 200 Gramm rechnen. Passen Sie die Menge, sofern sie im Rezept angegeben wird, Ihren persönlichen Bedürfnissen an. Mir geht es bei den nachfolgenden Rezepten vor allem darum, Ihnen eine Zubereitungsidee zu geben.

Abkürzungen und Mengen

Prise	etwa die Menge, die zwischen Daumenspitze und einen Finger passt
MSP	Messerspitze, etwa die Menge, die auf 5 bis 10 mm passt
TL	Teelöffel, 3 bis 4 g Mehl oder 5 ml Flüssigkeit
EL	Esslöffel, 9 bis 12 g Mehl, 10 bis 15 ml Flüssigkeit oder 3 Teelöffel
Tasse	normale Kaffeetasse, etwa 150 ml
Bechertasse	große Tasse, etwa 250 bis 300 ml

Temperaturtabelle

Gasherd Stufe 3 entspricht bei dem Elektroherd etwa 160 °C und jede Gasherdstufe höher entspricht etwa 20 °C mehr im Elektroherd.
Umluft und Heißluft sind jeweils nochmal 20 °C höher.
Umluft bedeutet, dass die Luft der Ober- und Unterhitze umgewälzt wird.
Bei Heißluft gibt es einen Ringheizkörper direkt am Ventilator, der heiße Luft in den Backofen bläst. Die Vorheizzeit ist damit sehr kurz und es können zwei Bleche zur gleichen Zeit in den Backofen geschoben werden, ohne dass sie ungleichmäßig Hitze abbekommen.

Basisrezepte und Tipps

Soßen

In Gesprächen erfahre ich immer wieder, dass die Soßen beim Kochen ein Problem sein können. Fertigsoßen als Alternative kann ich nicht empfehlen, da die meisten unverträglich sind. Selbstgemachte Soßen schmecken außerdem besser und sind gesünder.
Die folgenden Vorschläge helfen beim Kochen:

Soßen andicken

Verdickungsmittel sind die kalorienärmsten Möglichkeiten, eine Soße anzudicken und sämig zu machen. Probieren Sie drei Varianten. Für alle gilt, dass sie nur in kleiner Menge mit einem Schneebesen eingerührt werden.
Sie bekommen alle drei im Naturkosthandel, Reformhaus oder im gut sortierten Lebensmittelhandel.

- **Arrowroot**, auch Pfeilwurzelstärke genannt, ist das wohl geschmackneutralste Verdickungsmittel. Sie dickt nur beim Kochen ein, dafür reicht ein kurzes Aufkochen und Umrühren. Die richtige Menge könnten ein paar Messerspitzen oder ein gestrichener Teelöffel sein.
- **Guarkernmehl** hat einen geringen Eigengeschmack. Es dickt nur beim Kochen ein, dafür reicht ein kurzes Aufkochen. Die richtige Menge könnte schon eine Messerspitze sein, die zuvor in etwas Kaltwasser eingerührt wird.
- **Maisstärke** oder **Kartoffelstärke** sind ebenfalls geeignet, haben aber beide einen Eigengeschmack. Mit dem Schneebesen wird etwas Stärkemehl kalt angerührt, am besten mit 2–3 EL Wasser. Dann in die fertige, heiße Soße einrühren.

Soße reduzieren

- Bei **Fleischgerichten** wird die Soße nicht verdickt, sondern durch Kochen ohne Deckel reduziert. Dafür entnimmt man das Fleisch, lagert es warm und kocht dann die Soße so lange, bis sie die gewünschte Konsistenz hat. Dabei einen großen, flachen Topf oder eine Pfanne wählen, damit es schneller geht.
- Für **Gemüse** kann man das Dünstwasser des Gemüses auch durch Kochen reduzieren. Es hat aber nur selten viel Geschmack. Das Gemüse selbst darf natürlich nicht so lange gekocht werden.

Gemüsesoße

Beliebige Gemüse
Koch- oder Dünstwasser
Speiseöl oder Butter
Salz

Diese Soße passt zu jedem Gemüse. Jeweils einen Teil des Gemüses entnehmen, mit Raps- oder Maiskeimöl, Butter oder Macadamiamus pürieren und dem abgegossenen Gemüse hinzufügen.

Zu einigen Gemüsearten passen Petersilie oder Bärlauch, die jeweils einfach mitpüriert werden.

Mehlschwitze

2 EL Butter
1 EL Dinkelmehl Type 630
Flüssigkeit
Salz
Gewürze nach Geschmack, z. B Salz, Pfeffer, Curry, Paprikapulver

Die Butter im Topf erhitzen, das Mehl einstreuen und mit einem Schneebesen umrühren, damit es aufquellen kann, und anschwitzen – was bedeutet, dass Flüssigkeit verdunstet. Je nachdem, ob man eine helle oder dunkle Soße möchte, lässt man das Mehl hell bleiben oder Farbe annehmen. Wasser, Brühe, Gemüsekochwasser, Milch oder Sahne werden dann unter ständigem Rühren zugefügt und bei geringer Hitze etwa 10 Minuten gekocht. Die Soße wird mit Salz und Gewürzen abgeschmeckt und über das gegarte Gemüse gegossen oder mit dem Gemüse vermengt.

Nuss-Soße

Flüssigkeit
Macadamiamus
Salz
Gewürze

Als Flüssigkeit kann neben dem Gemüsekochwasser auch Wasser, Milch oder erlaubte Brühe verwendet werden. Das Macadamiamus mit einem Schneebesen einrühren und mit Salz und Gewürzen abschmecken (besonders lecker ist Paprika edelüß). Evtl. frische Kräuter dazu geben.
Das Macadamiamus hat einen hohen Fettanteil und ersetzt auf gesunde Weise die Sahne.

Speiseöle

Gute Speiseöle gehören zur gesunden Ernährung. Besonders gut verträglich sind Palmfett, Kokosöl sowie Raps- und Maiskeimöl. Alle anderen zunächst vorsichtig ausprobieren. Speiseöle, die mit Gewürzen angereichert sind, bitte eher weglassen, denn schon geringe Mengen Gewürze können eine große Wirkung haben.

Salatöle*

Diese Speiseöle haben einen hohen Anteil mehrfach ungesättigter Fettsäuren. Sie sind hitzeempfindlich, vertragen aber bis 100 °C, können also nicht nur für Salate, sondern auch zum Verfeinern von heißem Gemüse verwendet werden. Die Vitamine E, D, K und A benötigen Fett, damit sie vom Körper aufgenommen werden können. Warum also statt Butter oder Margarine für Gemüse nicht ein gutes, viel gesünderes Speiseöl verwenden?

- **Hanföl** ist grün und hat einen sehr nussigen Geschmack.
- **Maiskeimöl** wird aus gekeimten Maiskörnern gewonnen. Es ist sehr gesund und schmeckt leicht nussig.
- **Macadamiaöl** ist sehr kostbar, schmeckt wunderbar nussig und ist in ausgewählten Naturkostläden zu bekommen.

Bratöle / Universalöle

Diese Speiseöle haben einen hohen Anteil einfach ungesättigter Fettsäuren und sind deshalb zum Braten geeignet.

- **Kokosöl** ist ein ideales Bratöl. Es ist sehr hoch erhitzbar und geschmacksneutral. Mit ihm kann man beispielsweise auch Steaks oder Kartoffeln braten. Für die Fritteuse ist es ebenfalls gut geeignet.
- **Palmfett** ist ebenfalls hoch erhitzbar.
- **Rapsöl** hat den Vorteil, dass es aus heimischem Anbau stammt. Es schmeckt leicht nussig und ist zum Kurzbraten geeignet.
- Nicht jeder möchte viele Speiseölsorten bevorraten. Hier bietet sich Rapsöl als **Universalöl** an: Es ist auch zum Dünsten und für die kalte Küche – also Salate – geeignet.

---

* Ausführliche Informationen bietet das Buch „Öle – kaltgepresst“, von Marcus Hartmann, Hädecke Verlag.

Entwickelt ein Öl Rauch beim Braten, ist es zu heiß, hat Gifte entwickelt und sollte besser nicht verwendet werden.

Der Speiseölkauf

Beim Kauf von Speiseölen sollten Sie auf die Qualität achten. Preiswerte Speiseöle – meist in Plastikflaschen – werden im Heißverfahren gewonnen. Der Ertrag ist dann höher und das Öl billiger. Leider entstehen bei dieser Ölgewinnung Gifte, die mit Chemikalien (!) entfernt werden.
Hochwertige Speiseöle werden kalt gepresst und entsprechend gekennzeichnet. Zu kaufen gibt es sie in Naturkostläden, Reformhäusern und gut sortierten Lebensmittelgeschäften.

Macadamia und Kokosnuss

Macadamianüsse sind erlaubt. Sie gelten als die Königinnen der Nüsse und kommen aus Ostaustralien. Inzwischen werden sie auch in anderen subtropischen Gebieten angebaut. Im Lebensmittelhandel findet man sie – meistens gesalzen und geröstet – dort, wo Salzgebäck angeboten wird. In gut sortierten Läden bekommt man sie auch ohne Salz. Zur Not kann man das Salz mit Wasser ablösen. Die Nüsse müssen danach nur trocknen. Ich habe Macadamia weder als Nussmus ohne andere Zutaten noch gemahlen gefunden.

Kokos gibt es in verschiedenen Varianten:
Kokosöl, manchmal auch Kokosfett genannt, ist nicht flüssig. Kokosöl ist besonders hoch erhitzbar, also sehr gut zum Braten und Frittieren von Bratkartoffeln, Puffer, Pommes frites und Fleisch geeignet.
Kokoscreme, irrtümlich manchmal Kokosmilch genannt, schmeckt stark nach Kokos, enthält nur noch etwas Fett und wird aus dem weißen Fleisch gewonnen.
Die nicht ausgereifte, grüne Kokosfrucht enthält eine schmackhafte wasserartige Flüssigkeit, das *Kokoswasser*. Es wird frisch, direkt aus der Kokosnuss, getrunken und schmeckt am besten direkt vom Baum. Inzwischen ist es bei uns auch im Handel erhältlich.
Kokosmilch wird oft mit Kokoswasser verwechselt. Sie wird aus dem Fruchtfleisch der Kokosnuss gewonnen.

Macadamianüsse rösten

Die Nüsse in einer Pfanne bei mittlerer Hitze ohne Fett rösten. Dabei die Pfanne zwischendurch schwenken, damit die Nüsse rundherum Hitze abbekommen.

Macadamianüsse zerkleinern

Für kleine Mengen jede einzelne Nuss durch eine Knoblauchpresse drücken, was sehr leicht geht. Für die meisten Gerichte benötigt man nur ein paar Nüsse. Auch die gerösteten und gesalzenen, die als Knabberei angeboten werden, eignen sich gut.
Größere Mengen können mit dem Pürierstab oder in der Küchenmaschine zerkleinert werden. Je nach Küchenmaschine, benötigt man dafür mindestens 100 Gramm Nüsse. Je frischer sie zerkleinert werden, desto aromatischer schmecken sie.

Macadamiamus

100 g geröstete Macadamianüsse
etwa 10 EL Raps- oder Maiskeimöl

Die Nüsse mit dem Öl in einem Mixer oder mit dem Pürierstab zu einer Creme pürieren und in ein Glas füllen. Das Mus hält sich so lange, wie auf der Verpackung für die Nüsse angegeben. Es muss nicht kalt gestellt werden.
Es schmeckt als Butterersatz auf Brot, in Süßspeisen, in Salatsoßen statt Öl und es verfeinert viele Gemüsesoßen.
Beim Kochen wird das Mus in kleiner Menge vor dem Servieren untergerührt.

Kokoscreme

100 g Kokosflocken
400 ml Wasser

Die Kokosflocken mit kochendem Wasser übergießen, pürieren und 15 Minuten stehen lassen. Zuerst durch ein Sieb gießen und um alle Kokosflocken zu entfernen, anschließend noch durch ein Küchenhandtuch seien. Zum Schluss die letzte Flüssigkeit herauspressen. Das Handtuch darf nicht mit Weichspüler gewaschen sein. Im Fachhandel gibt es dafür wiederverwendbar Tücher.

Andere Nüsse und Kerne

Mandeln und Cashewkerne werden oft in geringer Menge vertragen.

Alle anderen Nüsse und Saaten sind für empfindliche Menschen nicht erlaubt.

Mayonnaise und Remoulade

Einige Fertigmayonnaisen enthalten unverträgliche Zusätze. Das kann schon der Essig sein, der nicht vertragen wird. Sie selbst herzustellen, ist leichter, als man denkt, nur Geduld muss man haben. Auf Grund der frischen Zutaten bitte zeitnah verzehren.

Mayonnaise

2 Eigelb
1 EL Apfelessig, Salz
125 ml Rapsöl oder Maiskeimöl

Das Eigelb schaumig schlagen, Salz und Essig hinzufügen. Das geht am besten mit einem Handmixer oder der Küchenmaschine. Mit dem Handschneebesen geht es auch, dauert nur viel länger, denn die nachfolgende Zugabe des Speiseöls muss sehr langsam vonstattengehen – zunächst tropfenweise, dann etwas schneller. Eile wird mit Gerinnung bestraft.
Die Mayonnaise sollte kühl gelagert und bald verzehrt werden.

Remoulade

2 Eigelb
1 EL Essig, Salz
125 ml Rapsöl oder Maiskeimöl
½ Bund Petersilie

Bitte umblättern.

Die Zubereitung entspricht der Zubereitung von Mayonnaise. Erst zum Schluss werden die sehr fein gehackten Kräuter eingerührt.
Die Remoulade sollte kühl gelagert und bald verzehrt werden.

Varianten:

- Im Frühjahr mit frischen gehackten Bärlauchblättern würzen.
- Mit einer halben zerdrückten Knoblauchzehe würzen.
- Mit einer Schalotte würzen. Diese dafür durch eine Knoblauchpresse drücken.

Sauce Hollandaise

Wie Fertigmayonnaisen kann auch vorgefertigte Sauce Hollandaise unerlaubte Zutaten enthalten. Selbstgemacht schmeckt sie ohnehin am besten. Bei der Herstellung muss man etwas Vorsicht walten lassen und hat leider Eiweiß übrig.

3 Eigelb
2 EL lauwarmes Wasser
150 g Butter
Salz

Die Butter bei geringe Hitze schmelzen und etwas abkühlen lassen.
Das Eigelb in einer Edelstahlschüssel mit dem Wasser verdünnen und mit einem Schneebesen etwas schaumig schlagen. Auf dem Herd, bei mittlerer Hitze, einen Kochtopf mit heißem Wasser bereitstellen, die Schüssel hineinhalten und mit dem Schneebesen etwa 3 Minuten weiterschlagen. Dabei darf aus dem Eigelb kein Rührei werden. Gegebenenfalls aus dem Wasserbad nehmen und zur Not einen kleinen Eiswürfel einrühren.
In diesen warmen Eierschaum kommt die Butter, allerdings zuerst nur tropfenweise. Unter ständigem Rühren, weiterhin im warmen Wasserbad, wird nun die Butter eingerührt.
Die Sauce Hollandaise mit Salz abschmecken.

Varianten:

- Wer Zitrusfrüchte in kleiner Menge verträgt, kann ein paar Tropfen Zitronen- oder Orangensaft hinzufügen.
- Mit Pfeffer – sofern verträglich – abschmecken.

Salatsoßen

Viele Fertigsalatsoßen enthalten unverträgliche Zutaten und sind unnötig, denn eine Salatsoße ist schnell zubereitet.
Salatblätter sollten nach dem Waschen gut abgetropft sein, idealerweise mit Hilfe einer Salatschleuder, denn je weniger Wasser an den Blättern hängen bleibt, desto intensiver schmeckt die Salatsoße.

Dattelessig

½ Liter Branntwein- oder Apfelessig
etwa 10 getrocknete Datteln

Die Datteln entsteinen, etwa vierteln, in ein Glas füllen, mit etwas Essig bedecken und mindestens 14 Tage stehen lassen. Die eingeweichten Datteln mit dem restlichen Essig pürieren, dabei unbedingt einen Deckel auflegen, denn es spritzt. Der Essig wird cremig, hält sich mehrere Monate und schmeckt wunderbar, vor allem in Salaten.

Varianten:
- Schmeckt auch mit Aprikosen, ist dann aber saurer.
- Rosinen sind eine gute Alternative, müssen aber vor dem Einweichen sehr fein gehackt werden, denn der Pürierstab schafft es sonst nicht.

Öl-Essig Soße

2 Teile Maiskeimöl
1 Teil Branntwein- oder Apfelessig
Salz

Alle Zutaten mit einem Schneebesen geschlagen, ergeben eine cremige Salatsoße, die zu fast allen Blattsalaten passt.

Varianten:
- Mit Petersilie anreichern.
- Selbstgemachten Dattelessig (s. o.) verwenden.

Salatsoße mit Macadamiamus

2 Teile Salatöl
etwas Macadamiamus
1 kleiner Schuss Sahne
1 Teil Essig
Salz

Das Öl zuerst mit dem Mandelmus verrühren, die Milch einrühren und erst zum Schluss den Essig. Mit Salz abschmecken.
Diese Soße ist unsere Lieblingssoße und schon durch die gesunden, mehrfach ungesättigten Fettsäuren im Nussmus gesund.

Varianten:
- Mit ein paar durch eine Knoblauchpresse gedrückte Macadamianüsse verfeinern.
- Statt Sahne Kokoscreme verwenden.
- Mit frischer Petersilie anreichern.
- Mit etwas Bärlauch und viel Petersilie würzen.

Saure Sahne-Soße

1 Becher Saure Sahne (Sauerrahm)
2 EL Maiskeimöl
1 EL Dattelessig, selbstgemacht (s. o.)
Salz

Alle Zutaten verrühren und unter den Blattsalat heben.

Varianten:
- Schmeckt besonders gut mit frischer Petersilie.
- Wer diese Soße auch gesüßt kennt und mag, sollte sie mit Rohrzucker abschmecken.

Kräutersoße

1 EL Rapsöl
1 EL Macadamiamus
1 EL Dattelessig (Seite 85)
ein paar Bärlauchblätter
1 Bund Petersilie
1 Naturjogurt
Salz

Alle Zutaten gemeinsam pürieren und mit dem Blattsalat vermischen.

Varianten:

- Statt Macadamiamus die doppelte Menge Öl verwenden.
- Eine halbe frische Paprika mitpürieren.
- Einen Apfel mitpürieren. Diesen nicht schälen, sondern nur entkernen.

Rote-Bete-Karottensoße

1 Rote Bete
1 große Karotte
1 kleiner Apfel
1 Bechertasse saure Sahne oder Schmand
4 EL Rapsöl
1 EL Balsamico
2 Prisen Salz

Die Rote Bete und die Karotte schälen, zusammen mit dem Apfel reiben und mit Öl, Essig und Salz abschmecken. Kurz vor dem Servieren mit Blattsalat vermischen.

Variante:

Sofern erlaubt, eine Schalotte oder ein Stückchen Zwiebel durch die Knoblauchpresse drücken und unter die Salatsoße rühren.

Reisgerichte

Reis schmeckt zu jedem Gemüse und es lohnt sich, etwas mehr Geld auszugeben und eine gute Qualität zu kaufen. Den Unterschied schmeckt man einfach!
Es gibt etwa 7000 Reisarten. Bei uns werden überwiegend die folgenden angeboten:

- **Basmatireis**, auch Duftreis genannt, gibt es als Naturreis und als weißen Reis. Es gibt große Qualitätsunterschiede. Im guten Lebensmittel- oder Naturkosthandel wird darauf besonders geachtet. Der Reis sollte schon in der Tüte blumig duften.
- **Camargue-Reis** aus Südfrankreich ist ein roter schmackhafter Naturreis.
- **Klebereis** wird vor allem in Südostasien zubereitet. Er ist sehr stärkehaltig, wird lange eingeweicht und in speziellen Dünstkörben im Wasserdampf gegart. Er klebt sehr stark zusammen und wird mit den Händen zu Kugeln geformt gegessen. Er schmeckt leicht süßlich und sehr aromatisch.
- **Naturreis** wird nur enthülst und geschält. Das vitamin- und mineralstoffreiche Silberhäutchen wird erhalten. Seine Kochzeit beträgt mindestens 30 Minuten.
- **Parboiled Reis** wird in der Schale eingeweicht, getrocknet und geschält. Bei diesem Vorgang wandern die Mineralien und Vitamine nach innen. Der getrocknete Reis wird geschliffen und dabei vom Silberhäutchen befreit. Die gesunden Nährstoffe bleiben erhalten und der Reis ist schneller gar.
- **Patnareis** ist weißer Reis, dessen Silberhäutchen abgeschliffen wurde.
- **Polierter Reis** ist ebenfalls weißer, geschliffener Reis ohne Silberhäutchen.
- **Risottoreis** ist stärkehaltiger als normaler Reis und gehört klassischerweise zum Rezept. Ich koche aber Risotto auch gerne mit jedem anderen guten Reis. Probieren Sie es aus, es ist Geschmackssache.
- **Rundkornreis** ist ein stärkehaltiger runder Reis, der von Natur aus schon einen süßlichen Geschmack hat und für Milchreis verwendet wird.
- **Schwarzer Reis** kommt ursprünglich aus Asien, inzwischen wird er auch in Europa, z. B. im Piemont angebaut. Er ist in verschiedenen Qualitäten erhältlich, vorzugsweise sollte man ungeschliffenen Vollkornreis verwenden. In manchen Reismischungen ist er ein Bestandteil.

- Neben dem Geruch, gerade bei Basmatireis, bestimmt der Bruchanteil im Reis die Qualität:

Spitzenreis:	Bruchanteil 5 %	Haushaltsreis:	Bruchanteil 25 %
Standardreis:	Bruchanteil 15 %	Bruchreis:	Bruchanteil >40 %

In Asien werden relativ viele **Reisnudeln** gegessen. Hier bekommt man sie auch in entsprechenden Läden und in der Delikatessabteilung vieler Lebensmittelmärkte. Sie sind eine gute Alternative zu Nudeln aus Weizen.

Reis kochen

Reis
Wasser
Salz

Pro Person reicht eine halbe Kaffeetasse Reiskörner.
Die Mengenverhältnisse Reis zu Wasser, kann man auf zweierlei Art festlegen:

- Ein Teil Reis zu zwei Teilen Wasser. Am besten direkt mit derselben Tasse abmessen.
- Den Reis in den Kochtopf geben und so viel Wasser hinzufügen, dass es fingerbreit über dem Reis steht.

Aufkochen lassen, die Hitze zurücknehmen und bei fast geschlossenem Deckel schwach köcheln lassen, nicht umrühren. Der Reis saugt das Wasser vollständig auf, dann ist er gar und kann serviert werden. Sofern es kein Naturreis ist, der eine lange Garzeit hat, garen die meisten Reissorten, wenn man nach dem Aufkochen die Kochplatte ausschaltet oder zumindest auf die niedrigste Temperatur einstellt.
In China wird Reis übrigens nicht gesalzen, denn das dazu servierte Gemüse enthält Salz.

Risotto

Reis (Risottoreis oder jeder andere Reis)
Salz
Karotten
Paprika
Pastinaken
Rapsöl

Den Reis salzen und gar kochen wie oben beschrieben. Das Gemüse zerkleinern und separat in einer großen Pfanne unter ständigem Umrühren mit etwas Öl garen. Wenn das Gemüse gar ist, kommt der Reis für drei Minuten dazu. Der Reis darf nur kurz mitbraten, denn er wird sonst wieder fest.

Varianten:

- Den Reis mit Curcuma würzen.
- Statt der verschiedenen Gemüse nur grünen oder weißen Spargel, jeweils in Stücke geschnitten, dazugeben.
- Statt der verschiedenen Gemüse nur Zucchinistücke dazugeben.

- Ein paar Mandelscheiben mitbraten. Diese schmecken am besten, wenn sie in einer separaten Pfanne oder vorweg ohne Fett hellbraun geröstet werden (Vorsicht, sie brennen leicht an!). Sie machen das Gericht zu einer Delikatesse.
- Vor dem Servieren etwas Schlagsahne, eventuell gemischt mit etwas Milch oder Wasser, dazugeben.
- Vor dem Servieren etwas Milch oder Wasser mit wenig Macadamiamus hinzufügen und kurz aufkochen lassen.

Reisnudeln kochen

Wasser
Salz
Reisnudeln

Das Wasser mit dem Salz aufkochen, die Nudeln hineingeben und gelegentlich umrühren. Je nach Stärke der Nudeln sind sie in wenigen Minuten gar. Die Garzeit steht auf der Verpackung. Ganz dünne sind in zwei Minuten gar. Auf vielen Verpackungen steht, dass sie vorher eingeweicht werden sollen. Ich mache das nie und sie gelingen trotzdem.
Wie andere Nudeln auch nach dem Kochen in ein Sieb gießen und abtropfen lassen. Ein Abspülen mit Wasser ist nicht nötig.

Variante:
- Die gegarten Reisnudeln mit etwas Rapsöl braten.

Reisnudeln puffen

Kokosfett
Reisnudeln

Soviel Kokosfett in einen kleinen Kochtopf geben, dass der Topf nach dem Schmelzen damit etwa drei bis fünf Zentimeter hoch gefüllt ist.
Eine Kochpinzette oder Grillzange bereitlegen. Wenn das Fett heiß ist, ein paar wenige Reisnudeln hineingeben, die schon nach wenigen Sekunden gepufft sind und mit der Zange entnommen werden müssen. Zum Abtropfen am besten in ein Sieb legen. Nach und nach die gewünschte Menge puffen. Eine kleine Nudelmenge ergibt schon eine große Portion.

Die gepufften Reisnudeln können pur gegessen werden oder kommen als Beilage in eine gegarte Gemüsesuppe. Die Suppe sollte aber fettarm sein oder vorher entfettet werden.

Variante:
- Zum Naschen mit Salz und Paprika, edelsüß, würzen.

Suppen

Wir lieben Suppen und kombinieren gerne jahreszeitliche Gemüse. Brühwürfel oder Fertiggewürze für Suppen gibt es bei uns nicht, weil sie nicht notwendig sind. Suppen können ein paar Tage im Kühlschrank aufbewahrt werden. Voraussetzung dafür ist, dass man mit dem Kochlöffel zum Probieren kein zweites Mal in den Topf geht. Also: sauberes Arbeiten ist wichtig.
Ich koche gerne eine Suppe für zwei bis drei Tage, um dann die Portion für den ersten Tag zu entnehmen, damit ich sie mit einem Gewürz anreichern kann. Am nächsten und übernächsten Tag mache ich es ebenso, würze aber mit etwas anderem; Beispiele bietet das folgende Rezept. Gute Suppenkräuter und -gewürze sind beispielsweise Petersilie und Bärlauch in kleinen Mengen.

Gemüsesuppe

1 kleine Zwiebel
Rapsöl
Salz
1 TL Agavendicksaft oder gestrichenen TL Zucker
Gemüse nach Wahl, beispielsweise:
Rote Bete, kleine Menge
Karotte
Kartoffel
Kürbis
Lauch
Pastinake
Sellerie
Steckrübe

Bitte umblättern.

Die Zwiebel kleinwürfelig schneiden oder hacken, im Öl mit Salz glasig braten, im Topf etwas zur Seite schieben und den Agavendicksaft hinzufügen. Dieser muss hellbraun werden und karamellisieren, um den Geschmack verstärken. Mit etwas Wasser ablöschen, bevor der Agavendicksaft dunkelbraun wird. Jetzt das kleingewürfelte Gemüse – nach Wahl – hinzufügen, dabei sollte Gemüse, welches eine längere Kochzeit benötigt, zuerst eingefügt werden.

Varianten:

- Wenn keine Zwiebel vertragen wird, nur den Agavendicksaft oder den Zucker karamellisieren, allerdings ohne das Speiseöl. Dieses erst vor dem Servieren hinzufügen.
- Vor dem Servieren mit Kräutern abschmecken.
- Vor dem Servieren mit oder ohne Kräuter zu einer Cremesuppe pürieren.
- Die Cremesuppe mit Macadamiamus abschmecken, dafür vorher kein Speiseöl zum Anbraten verwenden.
- Das Gemüse beliebig austauschen, erlaubte Gemüse siehe Seite 56.

Rindfleischsuppe

Suppenfleisch vom Rind
Salz
Karotten
Kartoffeln
Sellerie
Salz

Das Suppenfleisch mit etwas Salz, kalt aufgesetzt, in Wasser bei geringer Hitze kochen, bis sich das Fleisch von den Knochen löst. Die Knochen samt Fleisch aus dem Wasser nehmen und zur Seite legen. Das Gemüse kleinschneiden, in die Brühe geben und garen. Eventuell nachsalzen. Das Fleisch von den Knochen lösen, kleinschneiden und in die Suppe geben.
Wenn die Suppe zu fettig ist, mit einer Suppenkelle etwas Fett abschöpfen.

Varianten:

- Mit etwas Zimt abschmecken.
- Vor dem Servieren mit Petersilie abschmecken.
- Wer Zwiebeln gut verträgt, sollte einige hinzufügen. Sie können ganz oder halbiert schon mit dem Fleisch mitkochen.

Kräuter

Nur wenige Kräuter sind histaminfrei. Selbst, wenn sie etwas mehr Histamin enthalten, ist es sinnvoll, die verträgliche Menge zu verzehren, denn schon eine kleine Menge gibt ein intensives Aroma ab und liefert wertvolle Vitamine.
Petersilie kann man ganzjährig kaufen, Bärlauch leider nur im frühen Frühjahr. Es lohnt sich also, Bärlauch in der Erntezeit für den Rest des Jahres einzufrieren.

Bärlauch

Bärlauch wächst an schattigen Stellen im Garten und im Wald. Bei der Ernte bitte auf keinen Fall mit den giftigen Maiglöckchen verwechseln, deren Blätter ähnlich aussehen. Bärlauch erkennt man an dem intensiven Knoblauchgeruch. Er schmeckt auch nach Knoblauch, allerdings, ohne dass der Körper anschließend Knoblauchgeruch ausdünstet.
Vor allem, wenn Sie Bärlauch im Wald ernten, muss er vor dem Einfrieren oder dem Verzehr gründlich mit kaltem Wasser abgespült werden.

- Danach klein hacken und verzehren. Schmeckt wunderbar im Quark, auf Brot, in Salatsoßen oder mit etwas Speiseöl zu Nudeln.
- Mit Raps- oder Maiskeimöl zu Pesto verarbeiten. Dafür die Bärlauchblätter nach dem Waschen sorgfältig mit einem Tuch abtupfen, damit sie trocken sind. Möglichst fein hacken oder besser mörsern, mit einer kleinen Prise Salz abschmecken, in ein Glas füllen und mit Speiseöl abdecken. Dieser Pesto hält sich ein paar Wochen im Kühlschrank und schmeckt zu Quark und vor allem zu einem Nudelgericht.
- Zum Einfrieren sollten die Blätter nicht mehr feucht sein, weil sie sonst als Block gefrieren und man keine Portionen entnehmen kann. Entweder die ganzen Blätter einfrieren und direkt nach der Entnahme zerbröseln oder schon vor dem Einfrieren klein hacken. Sie werden wie frischer Bärlauch verwendet.
- Bärlauch lässt sich in Dörrgerät trocknen. Dafür die ganzen Blätter auf die Siebe legen und nach dem Trocknen zerbröseln und in ein Gewürzglas füllen. Der Geschmack leidet allerdings stark. Als Brotaufstrich oder Pesto ist Bärlauch dann nicht mehr verwendbar.

Petersilie

Petersilie gibt es kraus und glatt, die glatte schmeckt aromatischer. Für warme Gerichte sollte die Petersilie erst direkt vor dem Servieren untergerührt werden.

- Kleingehackt schmeckt Petersilie zu vielen Kaltgerichten, dazu zählen neben Salaten auch Quarkspeisen.
- Petersilie schmeckt zu fast jedem Gemüse und zu Kartoffeln. Auch Reisgerichte können mit frischer Petersilie gewürzt werden.
- Für etwas **Petersiliensaft** wird das Kraut kleingehackt und mit Hilfe eines feinen Tuches wird der Saft ausgepresst. Dieser kann als Gewürz in Gemüse, Quark oder Salat eingerührt und das Kraut aus dem Tuch kann getrocknet und zum Verzieren verwendet werden. Besonders dekorativ ist das, wenn auf einem Teller serviert wird und die trockenen, feinen Blätter auf das Gemüse und auf den Teller gestreut werden.
- Zum Einfrieren das ganze Kraut in einem Beutel oder einer Dose einfrieren, die gewünschte Portion entnehmen und mit den Fingern, noch tiefgefroren, zerbröseln. Das erspart das vorherige Kleinhacken.
- Petersilie gibt es getrocknet, schmeckt aber nicht so gut. Ein Teil der Vitamine gehen beim Trocknen verloren. Angesicht der Tatsache, dass man sie ganzjährig kaufen kann und sie sich sehr gut tiefkühlen lässt, würde ich keine getrocknete verwenden.

Andere Kräuter

Die auf Seite 57 aufgezählten Kräuter können ähnlich wie Petersilie vorbereitet, eingefroren oder getrocknet werden.

- Dill (kleine Menge) eignet sich gut für gekochten Fisch, Gurken und frische Salate. Dill fördert die Verdauung und ist deshalb für schwer verdauliche Lebensmittel eine gute Ergänzung. Die erlaubte kleine Menge reicht dafür meistens schon aus.
- Kümmel würzt Weißkohl und sorgt für gute Bekömmlichkeit, indem er Blähungen lindert.
- Majoran und Rosmarin eignen sich gut für gebackene Kartoffeln.
- Thymian, Oregano und Rosmarin verleihen vielen Gerichten ein sommerliches, mediterranes Flair.

Gemüserezepte

Gemüse zubereiten

Die gesündeste und schmackhafteste Gemüsezubereitung ist das Dämpfen. Dafür gibt es preiswerte Dämpfeinsätze, die in beinahe jeden Kochtopf passen. Sie finden sie im Fachhandel oder im Haushaltswarenregal des Lebensmittelhandels.
In den Kochtopf gibt man zwei bis drei Zentimeter hoch Wasser, der Dämpfeinsatz wird hineingestellt und mit dem Gemüse befüllt. Bei aufgelegtem Deckel wird das Gemüse bei geringer Hitze schonend gegart. Ich lege dafür ein oder zwei Topflappen auf den Deckel, um die Wärme noch besser zu speichern.
Die Soße kann danach mit dem Dämpfwasser zubereitet werden oder Sie kochen eine Extrasoße.

Artischocke

Frische Artischocken sind eine Delikatesse und sehen aus wie eine grüne große Distel. Wenn sie im Angebot sind – das ist eher selten der Fall –, sollten Sie dieses gesunde Gemüse unbedingt probieren.
Artischocken werden in Wasser gekocht oder besser im Dampf gedünstet. Je Person rechnet man eine Artischocke. Die gegarten äußeren Blätter werden abgezupft. Sie enthalten nur etwas essbares Fruchtfleisch, welches einfach direkt „ausgelutscht" wird. Je näher man an die Mitte, also das leckere Herz, den begehrten Artischockenboden, kommt, desto mehr Fruchtfleisch ist in den Blättern enthalten.
Wenn Artischocken auf einer Pizza liegen, waren sie meistens sauer eingelegt, eine Spezialität, die vor allem in Frankreich, Italien und Tunesien gegessen wird.
In der Naturheilkunde sind Kapseln mit Artischocke bekannt als Cholesterinsenker.

Artischocke dünsten

1 Artischocke
Wasser, Salz

Die Artischocke etwa 30 Minuten im gesalzenen Wasser kochen. Sie ist gar, sobald man die Blätter herauszupfen kann.

Varianten:
- Blätter in etwas erwärmte, gesalzene Butter tunken und erst dann ablutschen.
- Mit Sauce Hollandaise genießen.

Artischocken mit Nudeln

3 Artischocken
100 g Dinkel- oder Reisnudeln
Wasser, Salz, 2 EL Rapsöl

Die Artischocken wie oben beschrieben kochen. Die Blätter abzupfen und mit einem stumpfen Messer auf einem Holzbrett das Fruchtfleisch herausquetschen. Vor allem bei den inneren Blättern lohnt sich das. Die Artischockenböden in Würfel schneiden. Inzwischen die Nudeln garen, abgießen und mit etwas Wasser übergießen.
In einer Pfanne das Öl erhitzen, die Artischocken und die Nudeln darin vermengen und leicht anbraten.

Varianten:
- Mit etwas Sahne ablöschen.
- Etwas Milch angießen und 1 TL Macadamiamus unterrühren.

Artischocken mit Nudeln in Paprikasoße

3 Artischocken
100 g Dinkel- oder Reisnudeln
Wasser, Salz
Soße:
2 gehäufte EL Paprikamark, selbstgemacht
1 El Macadamiamus
1 Tasse Milch

Die Artischocken und Nudeln wie oben beschrieben zubereiten.
Mit einem Schneebesen in einem Extratopf das Paprikamark und das Macadamiamus in die Milch einrühren. Kurz aufwärmen, das Artischockenmus und die Stücke vom Boden unterrühren und mit den Nudeln vermengen.

Variante:

- In einer Auflaufform im Backofen mit frischem Gouda, Butterkäse oder Feta überbacken.

Broccoli

Ein Gemüse, welches wunderbar geeignet ist, um ein Nudelgericht zu ergänzen. Broccoli sind schnell zubereitet. Die dicken Stiele von der Haut befreien und die Blätter entfernen. Der ganze Strunk kann gegart werden, ebenso wie kleine Stücke oder die kleinen „Röschen".

Broccoli mit Mandeln

Broccoli
Butter oder Rapsöl
Mandelscheiben
Salz, wenige EL Wasser, bei Bedarf

Kleine Broccoli-Röschen bei mittlerer Hitze im Fett anbraten, den Deckel auflegen und nur Wasser hinzufügen, wenn sie drohen anzubrennen. Die Mandeln evtl. hell anrösten, zum Schluss hinzufügen und mit Salz abschmecken.

Broccoli-Soße

Broccoli-Röschen
Rapsöl
Sahne oder Milch
Guarkernmehl, messerspitzenweise
Paprika, edelsüß
Salz

Bitte umblättern.

Kleine Röschen in etwas Rapsöl anbraten, mit Sahne oder Milch ablöschen, garen und mit einer ganz kleinen Menge Guarkernmehl andicken.
Viel Paprika, edelsüß, dazu geben und mit Nudeln servieren: ein Ersatz für eine Tomatensoße.

Varianten:

- Die leckerste Variante: Statt mit Guarkernmehl mit etwas Macadamiamus andicken. Dabei allerdings keine Sahne verwenden, sondern Milch oder Wasser, andernfalls könnte das Gericht zu fetthaltig werden.
- Mit Kartoffelstärke statt mit Guarkernmehl andicken.

Broccoli, überbacken

Broccoli
Salz
Butterkäse

Den Broccoli – gerne auch als ganzer – halbgar dünsten. Idealerweise in einem Dämpfeinsatz. Dann in eine Auflaufform geben, salzen und mit Butterkäse belegen. Im Backofen überbacken.

Nudelauflauf mit Broccoli

Dinkelnudeln
Broccoli
Sahne
Salz
Paprika, edelsüß
Paprikamark
Milch
Macadamiamus
Salz
Oregano
Junger Gouda oder Butterkäse

Die Nudeln fast fertig kochen und abgießen. Zusammen mit etwas sehr klein geschnittenem Broccoli und der Sahne in eine Auflaufform füllen. Aus dem Paprikamark, etwas Milch und Macadamiamus eine Paste rühren, mit Salz abschmecken und auf den Nudeln verteilen. Oregano darüber streuen, mit Käsescheiben belegen und überbacken.

Varianten:

- Reisnudeln verwenden. Sie benötigen je nach Sorte nur drei bis zehn Minuten Kochzeit und schmecken köstlich.
- Statt Macadamiamus und Milch Sahne in die Paprikapaste einrühren.
- Statt mit Oregano mit getrocknetem oder frischem Basilikum würzen.

Chicorée

Ein Gemüse mit vielen Bitterstoffen, welche die Magensaftproduktion anregen. Das Gemüse kann man dünsten oder als Salat essen. Dieser wird durch Waschen nach dem Schneiden des Chicorées etwas milder. Der Strunk ist der bitterste Teil vom Chicorée. Man kann ihn entfernen, indem man die Chicoréestaude längs halbiert und den Strunk herausschneidet. Chicoreé muss dunkel und kühl gelagert werden, denn er wächst sonst schnell weiter und bekommt grüne Blätter, die noch bitterer schmecken.
Ein gesundes Gemüse, das im Winter frisch zur Verfügung steht.

Chicoréesalat mit Obstcreme

4–6 Chicorées
1 Becher Naturjoghurt
½ Apfel
1 TL Apfelessig, sofern verträglich
2 EL Rapsöl
Salz

Die Chicorées kleinschneiden und zwei- bis dreimal waschen. Die restlichen Zutaten mit einem Pürierstab oder im Mixer zerkleinern und vermischen. Chicorée gut abtropfen und mit der Salatsoße vermischen.

Variante:

- Statt Apfel eine halbe Nektarine oder einen halben Pfirsich verwenden.

Chicoréesalat mit Obststücken

3–6 Chicorées
2 Datteln
½ Nektarine oder Pfirsich
1 faustgroßes Stück Zuckermelone
Soße:
1 Becher Naturjoghurt
1 TL Apfelessig, sofern verträglich
2 EL Rapsöl, Salz

Die Chicorées kleinschneiden, zwei- bis dreimal waschen und gut abtropfen lassen. Das Obst kleinschneiden, ebenso die Datteln, mit dem Chicorée vermischen und die Salatsoße aus Joghurt, Essig, Öl und etwas Salz unterrühren. Ein leckerer Sommersalat.

Varianten:
- Statt Datteln 2 EL Rosinen verwenden.
- Statt der genannten Obstsorten nur entkernte und halbierte Süßkirschen mit dem Chicorée kombinieren.

Gebratener Chicorée

Chicorée
Rapsöl, Salz

Den Chicorée der Länge nach halbieren und vom Strunk befreien, salzen und in einer Pfanne bei aufgelegtem Deckel im Öl garen. Das Gericht schmeckt gut zu Kartoffelbrei.

Fenchel

Fenchel schmeckt roh und gegart. Man liebt ihn oder eben nicht. Wir mögen die Knollen am liebsten, wenn sie einfach nur halbiert, mit etwas Speiseöl bestrichen, im Backofen neben Kartoffeln, ebenfalls mit etwas Öl, gebraten werden. Ein schnelles Gericht, zu dem ein Kräuterquark gut passen könnte. Fenchel gibt jeder Gemüsesuppe ein leckeres Aroma.
Fenchel schmeckt auch roh, entweder als Salatbeigabe oder pur.

Gedünsteter Fenchel

Fenchel
Salz
Milch
Macadamiamus

Den Fenchel halbieren oder vierteln und in einem Dämpfeinsatz garen. Für die Soße pro Fenchelknolle eine kleine Tasse Milch und 1 TL Macadamiamus vermengen und in einem Extratopf kurz aufkochen. Den gegarten Fenchel hinzufügen, mit Salz abschmecken und zu Reis, Reisnudeln oder Kartoffeln servieren.

Varianten:

- Vor dem Servieren mit frischen Kräutern würzen.
- Die Soße mit viel Paprika, edelsüß, abschmecken.
- Statt Macadamiamus schmeckt auch Kokoscreme dazu.
- Statt Milch und Mus Sahne verwenden.

Gebratener Fenchel

Fenchel
Rapsöl
Salz
Petersilie

Den Fenchel in möglichst dünne Scheiben schneiden. Das muss mit Vorsicht geschehen, damit er nicht zerfällt. Die Scheiben werden vorsichtig im Rapsöl gebraten. Das kann in der Pfanne oder auf dem Backblech sein. In beiden Fällen muss einmal vorsichtig gewendet werden.
Die Fenchelscheiben werden dann mit Salz bestreut und vor dem Servieren mit Kräutern gewürzt.

Varianten:

- Nach dem Wenden auf jede Fenchelscheibe eine Scheibe jungen Gouda legen und fertig braten.
- Mit dem Fenchelkraut oder mit frischem Dill würzen.
- Vor dem Braten panieren.

Gurke

Stangengurken dürfen wieder krumm sein, sind es aber selten. Sie schmecken roh am besten und können mit der Schale verzehrt werden. Man kann einen Salat daraus zubereiten oder sie braten. Sie dürfen nicht im Kühlschrank lagern, denn dort werden die glasig. Leider kauft man sie gelegentlich schon so. Der Kauf in Bioqualität lohnt sich, sie haben dann viel mehr Geschmack.
Aus ihr und der kleinen Einlegegurke kann man eine köstliche und schnelle Suppe zubereiten. Gurke schmeckt pur, als großes Stück oder in Scheiben mit etwas Salz oder als Brotbelag mit Quark und Käse.

Gurkensalat

2 El Maiskeimöl
1 EL Apfelessig, 1 Prise Salz
1 Stangengurke

Aus Öl, Essig und Salz mit einem Schneebesen eine Salatsoße rühren. Die Gurke in dünne Scheiben schneiden und unterrühren.

Varianten:
- ½ bis 1 Becher Schmand oder Joghurt hinzufügen.
- Bei Verträglichkeit mit etwas frischem Dill würzen.
- Die Gurke grob raspeln, statt sie in Scheiben zu schneiden.

Gurkencremesuppe

1 TL Agavendicksaft
1 Stangengurke
½ Becher Sahne
1 Tasse Milch
2 EL Macadamiamus
Salz

Die Gurke mit der Schale in kleine Stücke schneiden und zur Seite stellen. Den Agavendicksaft karamellisieren, die Gurkenstücke hinzufügen und ein paar Minuten garen lassen. Dabei häufig umrühren.

Mit Milch und Sahne kurz aufkochen, pürieren und nach einer weiteren kurzen Kochzeit von fünf bis zehn Minuten mit Macadamiamus und Salz abschmecken. Die Suppe ist schnell gekocht und schmeckt köstlich.

Varianten:
- Wenn eine Zwiebel oder Schalotte erlaubt ist, diese kleinschneiden und im Agavendicksaft glasig braten und erst dann wie oben verfahren.
- Statt der Milch die Sahnemenge erhöhen.
- Schmeckt noch aromatischer mit frischen Gewürzgurken.
- Sofern erlaubt, mit Dillspitzen abschmecken.

Gebratene Gurken

Rapsöl
Gurke
Salz

Die Gurke entweder der Länge nach halbieren, diese langen Stücke in 5 cm lange Stücke schneiden oder dicke Scheiben abschneiden. Diese werden in heißem Rapsöl gegart, gesalzen und zu Reis oder Kartoffeln serviert.

Variante:
- Vor dem Braten mit Eigelb und Dinkelpaniermehl panieren.

Gurken im Quark

250 g Quark (40 %)
½ Tasse Milch
¼ Stangengurke
Salz

Quark und Milch verrühren, die Gurke raspeln, unterrühren und mit Salz abschmecken.

Varianten umseitig

Varianten:

- Die Kombination Magerquark und etwas Schlagsahne verwenden.
- Sofern erlaubt, mit Dillspitzen abschmecken.
- Als Gewürz Paprika, edelsüß, verwenden.
- Sofern erlaubt, eine Schalotte oder ein kleines Zwiebelstück mit einer Knoblauchpresse zerdrücken und hinzufügen. Mit dieser Methode wird der meiste Geschmack aus der Zwiebel gewonnen.
- Einen Teil des Quarks durch Frischkäse ersetzen.

Karotten (Möhren)

Gerade bei Karotten lohnt es sich, wenn man sie aus kontrolliert biologischem Anbau kauft. Der Geschmack ist deutlich besser, vor allem, wenn man sie roh verzehrt. Sie sind gesund und sollten in keiner Pausenbrotdose fehlen. So wie auch Paprika und Äpfel.
Am einfachsten ist, die Karotte mit einem Sparschäler zu schälen. Sie kann aber auch abgeschabt werden, was allerdings spritzt. Oft genügt es, sie einfach nur gründlich zu waschen oder zu bürsten. Ich schäle vor allem die dickeren und etwas älteren Bio-Karotten, die auch in den Ritzen manchmal Sand haben.

Gekochte Karotten

Karotten
Salz
Butter

Die Karotten je nach Größe in Stücke schneiden und in Wasser kochen. Dünsten ist allerdings die gesündere Variante, die auch den Geschmack deutlich verbessert. Erst vor dem Servieren mit Butter anreichern und salzen.

Varianten:

- Etwas Karotte mit Kochwasser pürieren, mit Butter oder Macadamiamus abschmecken und als Soße unterrühren.
- Mit Bärlauch oder Petersilie würzen.
- Statt Butter etwas Käse darüber reiben.
- Fetakäse würfeln und unterrühren.
- Vor dem Servieren etwas Mascarpone unterrühren.

Gedünstete Karotten mit Frischkäse

Karotten
Milch
Frischkäse
Salz

Die Karotten klein schneiden und dünsten. In einem Extratopf die Milch erwärmen, eventuell etwas von dem Kochwasser beifügen, den Käse unterrühren und die Karotten dazu geben. Mit Salz abschmecken und servieren.

Varianten:

- Mit Petersilie oder Bärlauch würzen.
- Mit Butterkäse überbacken. Gegebenenfalls die Milch durch das Kochwasser ersetzen.
- Eine Soße aus Milch oder dem Kochwasser mit etwas Macadamiamus anrühren.
- Mit etwas Sahne übergießen und mit Salz und Kräutern abschmecken.
- Wer auch mal ein süßes Karottengericht mag, kann der Soße ein paar weiße Rosinen oder Dattelstückchen hinzufügen. Dafür allerdings die Kräuter oder Gewürze weglassen. Schmeckt köstlich zu Basmatireis. Zimtliebhaber sollten davon etwas hinzufügen.

Gebratene Karotten

Karotten
Rapsöl
Salz

Die Karotten werden in Scheiben geschnitten und in Öl gebraten. Dafür sollte das Öl beim Einfüllen schon heiß sein. Es darf ruhig etwas mehr Öl sein. Das Fett der gebratenen Karotten vor dem Servieren durch ein Küchensieb ablaufen lassen.
Karotten entfalten durch langsames Braten ihr volles Aroma. Dabei muss man allerdings am Herd stehen bleiben, um zu verhindern, dass sie anbrennen.
Sie schmecken köstlich zu Kartoffeln. Ich serviere sie auch gerne zu einem Kartoffelbrei, ein einfaches und wunderbares Gericht.

Varianten:

- Die letzten paar Minuten fein gepressten Knoblauch mitbraten.
- Das Bratöl abtropfen lassen, die Karotten in einer Auflaufform verteilen, mit Butterkäsescheiben belegen und kurz überbacken.
- Vor dem Servieren mit frischer Petersilie würzen.
- In einem Extratopf etwas Kokoscreme erwärmen, mit Macadamiamus und Salz abschmecken und über die zuvor abgetropften Karotten geben. Eine sehr reichhaltige und köstliche Variante.

Karotten aus dem Backofen

Karotten
Kartoffeln
Rapsöl
Beilage:
Quark
Milch oder Sahne
Petersilie
Salz

Die Karotten schälen und ganz lassen, die Kartoffeln gut säubern, halbieren und auf einem Backblech verteilen. Die Karotten und die Kartoffeln mit Öl bestreichen oder, wenn man es nicht ganz so mager möchte, mit Öl beträufeln und dieses mit einem Pinsel verteilen.
Im Backofen bei etwa 150 °C etwa 30 bis 50 Minuten garen. Die Garzeit ist abhängig von der Größe des Gemüses.
Den Quark mit Milch oder Sahne anreichern und mit Petersilie und Salz abschmecken. So wird das Gemüse wunderbar abgerundet.

Varianten:

- Statt Petersilie Bärlauch verwenden.
- Anstatt die Quarkspeise als Beilage zu reichen, die Karotten und Kartoffeln mit Käse überbacken. Dafür kurz vorher das gegarte Gemüse in der Mitte des Backblechs zusammenschieben, mit Käsescheiben belegen oder mit geriebenem Käse bestreuen und überbacken. Geeignet sind Butterkäse, junger Gouda und Feta, der sich zerbröseln lässt.
- Statt Kartoffeln Maronen mitbacken, diese aber deutlich kürzer mitbraten lassen.

- Statt Kartoffeln Pastinaken mitbraten. Sie sollten in etwa gleichgroße Stücke geschnitten werden und erst später mitbraten, denn sie sind etwas schneller gar.

Karottensalat

Karotten
Maiskeimöl
Apfelessig
Salz

Die Karotten fein reiben oder raspeln. Öl und Apfelessig (zwei Teile Öl und ein Teil Apfelessig) zu einer Emulsion verrühren und mit den Karotten vermengen. Erst dann sparsam salzen und abschmecken.

Varianten:
- Kokoscreme oder Sahne hinzufügen.
- Kleine geschnittene Datteln hinzufügen.
- Weiße Rosinen hinzufügen.
- Süßkirschen entkernen, halbieren oder vierteln und hinzufügen.

Karottensalat und Rote Bete

300 g Karotten
1 Rote Bete
1 Apfel
Maiskeimöl
1 Naturjoghurt oder süße Sahne
Salz

Die Karotten, geschält oder ungeschält, fein reiben. Die Rote Bete schälen und fein reiben. Den Apfel einfach rundherum bis kurz vor das Kerngehäuse reiben.
Joghurt mit dem Öl verrühren und mit dem geriebenen Gemüse vermengen. Erst dann sparsam salzen und abschmecken.

Kartoffeln

Die Stärkemenge in der Kartoffel bestimmt, ob sie mehlig kochend, vorwiegend festkochend oder festkochend ist:

- Mehlig kochende Kartoffeln eignen sich für Kartoffelbrei, Kroketten, Knödel, Püree, Gnocchi und für Suppen.
- Vorwiegend festkochende Kartoffeln eignen sich für Bratkartoffeln, Eintöpfe, Aufläufe und zum Kochen oder Dünsten (Salzkartoffeln).
- Festkochende Kartoffeln haben den geringsten Stärkegehalt und sind vor allem für Kartoffelsalat geeignet. Allerdings werden sie oft auch gerne für alles andere verwendet, außer für Kartoffelbrei, der aus mehligen Kartoffeln wirklich besser schmeckt.

Kartoffeln müssen kühl (bei 5–8 °C), dunkel und trocken in einer Holzkiste oder in einem Stoffsack gelagert werden. Sie dürfen nicht in der Nähe von Äpfeln und Zwiebeln liegen, denn sie keimen dann deutlich schneller. Der Vorrat muss regelmäßig auf faule Kartoffeln überprüft werden.

Grüne Stellen, die nach dem Kochen braune Stellen sind, müssen unbedingt entfernt werden, denn sie sind giftig und ungesund.

Man sollte Kartoffeln erst vor dem Servieren oder am Tisch salzen, denn Salz im Kochwasser entzieht den Kartoffeln das kostbare Kalium. Das Natrium im Kochsalz ist der Antagonist – also Gegenspieler – des Kaliums. Kalium ist für den Herzrhythmus wichtig. Salzt man erst nach dem Kochen, hat man beides: Natrium und Kalium.

Besonders gesund sind Kartoffeln, die im Dämpfeinsatz gegart werden.

- Für Pellkartoffeln werden möglichst kleine Kartoffeln verwendet. Sie schmecken schon, wenn sie nur geschält und mit Salz bestreut werden. Mit Butter, etwas Salz und viel frischer, gehackter Petersilie gewürzt, sind sie besonders lecker und durch die Petersilie besonders vitaminreich.
- Bratkartoffeln können auch aus rohen Kartoffeln hergestellt werden. Es bedarf nur etwas mehr Geduld, die aber durch guten Geschmack belohnt wird. Die Kartoffeln in dünne kleine Stücke schneiden und in relativ viel Bratfett braten. Gegebenenfalls danach in ein Sieb zum Abtropfen füllen und erst danach servieren. Erst vor dem Verzehr salzen, damit sie knusprig bleiben. Eine gute Alternative zu Pommes frites.
- Kartoffeln sorgfältig säubern und mit der Schale halbieren. Auf ein geöltes Backblech legen, mit weiterem Öl bepinseln und im Backofen backen. Mit Rapsöl und etwas getrocknetem Oregano oder frischen Rosmarinnadeln gewürzt, ist das eine Delikatesse.

- Kleine Kartoffelwürfel (auch ungeschält, wenn gut gesäubert) auf einem Backblech verteilen, mit Öl beträufeln, eventuell Oregano oder Rosmarin darüber streuen, mit den Händen durchmengen und backen. Schmeckt köstlich.
- Für Kartoffelbrei die Kartoffeln im Dämpfeinsatz garen. In einem Extratopf etwas Milch erwärmen, die gegarten Kartoffeln dazugeben und mit einem Kartoffelstampfer zerdrücken. Mit etwas Butter anreichern und nach Geschmack salzen. Mit dem Kartoffelstampfer nacharbeiten, bis der Brei schön cremig ist. Püriert man die Kartoffeln, statt sie zu zerstampfen, schmeckt der Kartoffelbrei nicht mehr so gut.

Knoblauch

Knoblauch wird meistens in geringer Menge vertragen. Da schon eine kleine Menge intensiv schmeckt, lohnt es sich zu testen, ob man es verträgt.
Ob man Knoblauch besser pressen, reiben, schneiden oder zerdrücken soll, ist immer wieder Grund für Diskussionen. Ich presse ihn gerne, habe aber auch eine feine Reibe, mit der das Reiben sehr gut geht. Ich finde, dass Knoblauch aus der Knoblauchpresse das meiste Aroma abgibt. Er muss nur kurz mitgebraten werden, damit er nicht verbrennt. Angeblich riecht man vor allem dann stark danach, wenn der grüne Keim nicht entfernt wurde. Dieser entsteht bei langer Lagerung.
Knoblauch kann auch roh verzehrt werden, beispielsweise in Tsatsiki.

Tsatsiki

500 g Quark
1 großer Becher Naturjoghurt
1 große Stangengurke
3 EL Rapsöl
1 TL Branntweinessig
½ TL Salz
1–2 Knoblauchzehen

Den Quark, Joghurt, Öl und Essig verrühren und die Knoblauchzehe durch eine Presse passieren oder ganz fein reiben. Die Gurke schälen, raspeln und unterrühren. Mit Salz abschmecken und vor dem Verzehren ein paar Stunden ziehen lassen.

Kohlsorten

Kohlrabi ist histaminhaltig, gehört nicht zu den Kohlsorten auch, wenn der Name das vermuten lässt.
Rosenkohl ist leicht histaminhaltig und deshalb ungeeignet.
Alle anderen Kohlsorten sind gut verträglich, sofern sie aus anderen Gründen keine Blähungen verursachen. Wenn Kümmel in geringer Menge vertragen wird, kann dieser Blähungen lindern oder sogar verhindern.

Chinakohl

Chinakohl ist das Wintergemüse im ländlichen China. Noch Ende der 1980er-Jahre sah man auch in Großstädten einen kleinen Berg davon vor fast jeder Haustür. Die welken Blätter rundherum wurden entfernt, die Blätter kleingeschnitten und im Wok zubereitet. Heute sind diese Chinakohlhaufen vor den Türen verschwunden.
Chinakohl ist praktisch für die schnelle Küche, mild im Geschmack und sollte deshalb gut gewürzt werden.
Passende Gewürze können sein:

- Curcuma, der Hauptbestandteil von Curry, der nur eine Gewürzmischung ist und je nach Zutat nicht vertragen wird.
- Paprika, edelsüß, passt besonders gut zu Chinakohl.

Er schmeckt zu jeder Beilage, in China wird er vor allem zu Reis gegessen.

Gedünsteter Chinakohl

Chinakohl
Rapsöl, Salz

Den Chinakohl klein schneiden und in etwas Speiseöl bei aufgelegtem Deckel garen. Gelegentlich umrühren. Wasser ist nicht nötig, denn Chinakohl hat viel eigene Feuchtigkeit.
Vor dem Servieren mit einem der oben genannten Gewürze anreichern und zu Reis oder Reisnudeln servieren.

Varianten:

- Nach dem Garen etwas Kokoscreme hinzufügen, mit viel Paprika, edelsüß, abschmecken und servieren.

- Nach dem Garen viel Paprikamark unterrühren, mit etwas Macadamiamus abschmecken und servieren.

Gebratener Chinakohl

Chinakohl
Kokosöl
Salz

Den Chinakohl sehr klein schneiden, in heißes Fett geben und ohne Deckel braten. Dabei sehr häufig rühren. Das entstehende Gemüsewasser verdampft dabei. Je nachdem, wie klein der Chinakohl geschnitten wurde und wieviel in der Pfanne ist, geht die Zubereitung sehr schnell.
Als Beilage empfehle ich zum Beispiel Kartoffelbrei.

Grünkohl

Geliebt und entsprechend häufig verzehrt wird er vor allem im Norden Deutschlands. Das Originalrezept wird mit Bregenwurst (auch Brägenwurst) serviert, die auf jeden Fall histaminhaltig ist. Ob mit oder ohne diese Wurst, wichtig ist, dass der Grünkohl lange kochen muss und mit einem hohen Fettanteil schön weich und süßlich wird. Die Wurst ist leider nicht verträglich und das Fett in der Wurst muss durch Öl ersetzt werden. Als Wurstersatz würden Frikadellen aus frischem Hackfleisch passen. Diese dürfen aber natürlich nicht mitgekocht werden.
Mit den Händen wird das Kraut von den Stängeln abgestreift oder abgezupft. Nach dem Waschen wird es in Wasser mit einer ordentlichen Menge Fett mindestens 30 Minuten gekocht. Je kleiner die Blätter geschnitten werden, desto kürzer ist die Kochzeit. Das Gemüse sollte aber schön weich sein. Als Fett eignen sich:

- Rapsöl
- Maiskeimöl
- Butter
- Kokosöl

Klassischerweise gehören Kartoffeln dazu. Grünkohl schmeckt aber auch ausgezeichnet zu Dinkelnudeln.

Pak Choi (Blätter- oder Senfkohl)

Man bekommt diesen schmackhaften grünen Kohl, der eher an Mangold erinnert, nur in Asienläden. Die Frische der Blätter verrät auch, wie frisch der Kohl ist. Er kann im Gegensatz zu anderen Kohlsorten nicht lange gelagert werden.
Die Zubereitung braucht wenig Zeit, denn die Blätter sind dünn und die weißen dicken Stiele schnell gar. In China wird Pak Choi kleingeschnitten und in etwas Öl und Wasser oder Brühe gegart.
Der Kohl ist mild aromatisch und benötigt nur wenige Gewürze.

Gedünsteter Pak Choi

Pak Choi (1 mittelgroße Pflanze pro Person)
Rapsöl
Salz

Zuerst die dicken Stängel herauslösen, kleinschneiden und in etwas Speiseöl und Wasser, bei aufgelegtem Deckel, garen. Die Wassermenge aber nur esslöffelweise hinzugeben. Die grünen Blätter ebenfalls kleinschneiden und hinzufügen.
Der Geschmack ist so aromatisch, dass keine Gewürze nötig sind. Zu Reis oder Reisnudeln servieren.

Rotkohl (Blaukraut)

Rotkohl ist ein klassisches altes Gemüse, das gern auch in Konserven gekauft wird, dort aber möglicherweise unverträgliche Zutaten, zum Beispiel Essig, enthält. Dabei ist die Zubereitung einfach. Man kann eine größere Menge zubereiten und diese portionsweise einfrieren.
Wer keine blauen Finger bei der Zubereitung bekommen möchte, muss beim Zuschneiden Handschuhe anziehen.

1 Rotkohl
etwa 300 ml Wasser
1 EL Apfelessig
¼ Tasse Rapsöl
Salz

Die äußeren Blätter entfernen, vierteln und vom Strunk befreien.
Den Rotkohl mit einem Hobel oder einem scharfen Messer in feine Streifen schneiden.
In einen großen Kochtopf das Wasser gießen, Essig, Salz und Rapsöl hinzufügen und den Rotkohl zugedeckt 30 bis 45 Minuten bei geringer Hitze garen.
Für eine Soße einen kleinen Teil entnehmen, zusammen mit dem Kochwasser pürieren und wieder unterrühren.

Varianten:

- Wer es verträgt, sollte unbedingt ein paar Zwiebeln im Öl glasig braten und erst dann das Wasser und den Kohl hinzufügen.
- Statt Rapsöl mit Macadamia-Nussöl abschmecken.
- Der Soße etwas Macadamiamus hinzufügen.
- Ist die Soße zu flüssig, kann man sie mit etwas Pfeilwurzelstärke oder Guarkernmehl andicken.

Rotkohl mit Apfel

1 Rotkohl
etwa 300 ml Wasser
2 Äpfel
¼ Tasse Rapsöl
Salz

Die äußeren Blätter entfernen, vierteln und vom Strunk befreien. Den Rotkohl mit einem Hobel oder einem scharfen Messer in feine Streifen schneiden. Die Äpfel mit oder ohne Schale vierteln und vom Kerngehäuse befreien.
In einen großen Kochtopf das Wasser gießen, Salz und Rapsöl hinzufügen und den Rotkohl und die Apfelstücke bei aufgelegtem Deckel 30 bis 45 Minuten sanft köchelnd garen. Die Äpfel werden ganz weich und verteilen sich durch Umrühren im Rotkohl.
Für eine Soße einen kleinen Teil entnehmen, zusammen mit dem Kochwasser pürieren und wieder unterrühren.

Rotkohl-Reispfanne

¼ Rotkohl
3–4 EL Rapsöl
Salz
1 Tasse Reis für 2 Personen
2 Tassen Wasser
½ TL Salz

Die äußeren Blätter entfernen, vierteln und vom Strunk befreien. Den Rotkohl mit einem Hobel oder einem scharfen Messer in sehr feine Streifen schneiden, die noch in Stücke geschnitten werden. Diese werden bei mittlerer Hitze in einer großen Pfanne etwa zehn Minuten unter ständigem Umrühren gebraten.
Parallel dazu kann der Reis – vorzugsweise aromatischer Basmatireis – gekocht werden. Wenn dieser gar ist, knapp fünf Minuten mitbraten.

Varianten:
- Wer Mandeln verträgt, sollte zusammen mit dem Rotkohl ein paar Mandelscheiben mitbraten.
- Besonders lecker sind ein paar gehackte Macadamia, die zuvor in einer fettlosen Pfanne angeröstet wurden. Ich würde sie vor dem Servieren über das fertige Gericht streuen.

Weißkohl

Weißkohl ist nur als frisches Gemüse verträglich und nicht als Sauerkraut. Er ist ein klassisches Gemüse, das vor allem im Winter gegessen wird. Die Zubereitung ist einfach, die äußeren Blätter werden entfernt und der Rest kleingeschnitten. Kohlgerichte schmecken vor allem zu Kartoffeln. Ich würde immer den ganzen Kohl verarbeiten und dann portionsweise einfrieren. Die meisten Rezepte für Rotkohl schmecken auch mit Weißkohl.
Gerne werden ein paar Kümmelsamen zugefügt, denn Weißkohl kann blähend wirken. Wer Kümmel nicht verträgt, sollte ihn ohne diesen zubereiten und beobachten, ob der Weißkohl dann vertragen wird.
Viele darmempfindliche Menschen vertragen wegen des blähenden Effekts allerdings den Kohl überhaupt nicht und sollten ihn daher nicht essen.

Weißkohl, klassisch

1 Weißkohl
4 EL Rapsöl
2 Äpfel
Salz
1 MSP Kümmel, gemahlen
400 ml Wasser

Den Weißkohl vierteln, den Strunk herausschneiden und den Rest in dünne Streifen schneiden. Die Äpfel mit oder ohne Schale vierteln, entkernen und zusammen mit dem Weißkohl, Salz und Kümmel in Öl andünsten, mit Wasser ablöschen und eine knappe Stunde bei geringer Hitze köcheln lassen. Für die letzten zehn Minuten den Deckel abnehmen und einen Teil des Kochwassers verdampfen lassen.

Varianten:

- Bei Verträglichkeit vorher im Topf zwei bis vier Zwiebeln (in Ringen oder gewürfelt) glasig anbraten und dann den Kohl dazu geben.
- Nach Geschmack ein paar Wacholderbeeren mitkochen.
- Die ganzen Kümmelsamen und die Wacholderbeeren in ein Tee-Ei füllen und dieses in das Kochwasser hängen. Dann kann man es nach dem Kochen entnehmen und muss nicht die Samen und Beeren aus dem Kraut picken.

Wirsing

Seine dunkelgrünen, schrumpeligen großen Blätter erinnern an Großmutters Küche. Nicht nur für mich gehört Wirsing zu den besten Kohlsorten.
Die äußeren Blätter mit Wasser abspülen und gebündelt zuerst kleinschneiden. Je weiter man zum Kern kommt, desto enger sind die Blätter verbunden und müssen auch nicht mehr gewaschen werden. Sie können „am Stück" kleingeschnitten werden. Um eine gute Größe der zugeschnittenen Blätter zu nennen: 2×2 bis 4×4 cm.
Früher wurden die äußeren dunkelgrünen Blätter vor der Zubereitung blanchiert. Das ist aber nicht nötig ist, zumal dabei viele gesunde Inhaltstoffe verloren gehen.

Wirsing, ganz einfach

1 Wirsing
300 ml Wasser
Salz
Mehlschwitze, Seite 79

Den Wirsing kleinschneiden und im Wasser mit Salz garen. Das dauert etwa 20 bis 30 Minuten.
In einem Extratopf eine Mehlschwitze aus Butter und Dinkelmehl herstellen und dafür das Kochwasser verwenden. Diese Soße dem Wirsing hinzufügen und noch einmal alles kurz aufwärmen. Mit Salz abschmecken. Wirsing hat so viel Aroma, dass man ihn auch ohne Gewürze essen kann. Dieses Rezept ist vor allem für Menschen mit empfindlicher Verdauung geeignet.

Wirsing, süß sauer

5 EL Rapsöl
etwa 300 ml Wasser
1 Wirsing
1 EL Apfelessig
Salz
1 EL Agavendicksaft

Den Wirsing in Öl andünsten, gesalzenes Wasser und etwas Apfelessig aufgießen und etwa 30 Minuten kochen. Dabei den Deckel auflegen.
Zum Abschmecken zunächst etwas Agavendicksaft einrühren und abschmecken. Gegebenenfalls weiteren Apfelessig und Salz hinzufügen. Bitte alle diese Zutaten nur sparsam anwenden.

Varianten:

- Ist die Soße zu flüssig, mit etwas Pfeilwurzelstärke oder Guarkernmehl andicken.
- Eventuell einen Teil entnehmen, pürieren und wieder unterrühren.
- Etwas weniger Rapsöl verwenden, dafür vor dem Servieren mit Macadamiamus abschmecken.
- Vor dem Servieren etwas Macadamiamus einrühren. Das verfeinert den Geschmack enorm.

Kürbis

Kürbisse gibt es in großer Auswahl. Beliebt ist vor allem der Hokkaido-Kürbis. Es gibt aber auch den Butterkürbis – er schmeckt mild und tatsächlich etwas buttrig –, einen Spaghetti-Kürbis, dessen Fruchtfleisch dem Namen entsprechend aussieht, und viele andere mehr. Die Zierkürbisse, die im Herbst gerne zur Dekoration genommen werden, sind nicht essbar. Aus jedem Kürbis kann man die folgenden Gerichte kochen.
Einige Kürbisse haben eine bittere Schale, andere können mit Schale gegessen werden. Ich schäle vorsichtshalber einfach alle. Dafür schneide ich den Kürbis einmal in der Mitte durch. Manchmal ist das nicht einfach. Die von den Kernen befreite Kürbishälfte lege ich dann mit der Schnittseite nach unten auf ein Küchenbrett und schnitze mit einem sehr scharfen Messer die Schale Stück für Stück ab. Damit ich mich nicht verletze, führe ich das Messer von oben nach unten. Anschließend schneide ich das Kürbisfleisch in Streifen und die Streifen in Würfel.

Kürbissuppe

1 kleinerer Kürbis, z. B. Hokkaido
2–3 Kartoffeln, mehlig kochend
1 EL Agavendicksaft oder Zucker
Wasser, Salz
Maiskeimöl oder Butter

Den Kürbis und die Kartoffeln schälen und in kleine Stücke schneiden. Den Agavendicksaft in einen großen Kochtopf gießen, ein paar Minuten karamellisieren lassen und, bevor er anbrennt, mit etwas Wasser ablöschen. Kürbis- und Kartoffelstücke hinzufügen und so viel Wasser auffüllen, dass alles gerade bedeckt ist. Das Salz hinzufügen und bei aufgelegtem Deckel – je nach Größe der Kürbis- und Kartoffelwürfel – etwa 20 Minuten bei geringer Hitze kochen.
Mit einem Pürierstab eine Cremesuppe daraus machen. Besser schmeckt sie allerdings, wenn man sich die Mühe macht und das Gemüse mit einem Kartoffelstampfer zerdrückt.
Vor dem Servieren mit Öl oder Butter abschmecken.
Leider schmeckt diese köstliche Suppe nicht mehr, wenn man sie tiefgekühlt hat. Ich schaue immer nach kleinen Kürbissen, die es vor allem im Biohandel gibt. Ein kleiner Kürbis reicht für zwei bis vier Personen. Kürbissuppe kann aber an zwei bis drei aufeinander folgenden Tagen gegessen werden. Sie muss im Kühlschrank aufbewahrt werden.

Varianten:

- Wer Zwiebeln verträgt, sollte diese im Agavendicksaft braten. Das klappt gut, wenn man die Zwiebeln gleich zusammen mit dem Agavendicksaft in den Topf gibt. Diese Kombination ergibt ein wunderbares Aroma in der Suppe, ohne dass sie deshalb süß schmeckt.
- Statt Zwiebeln Lauch verwenden.
- Etwas rote Bete mitkochen, dann bekommt die Suppe einen ganz leicht süß-aromatischen Geschmack.
- Statt Butter oder Öl Macadamiamus oder Kokoscreme einrühren.

Mais

Nur im Hochsommer bekommt man frische Maiskolben im Biohandel: eine Köstlichkeit, die nicht mit dem Mais aus dem Glas vergleichbar ist. In vielen Ländern der Welt haben wir sie in Garküchen direkt vom Grill gegessen.
Mais gibt es auch getrocknet und zu Mehl oder Grieß verarbeitet. Der Maisgrieß ist ein guter Ersatz für Weizengrieß. Er schmeckt sowohl süß als auch pikant. Er lässt sich schnell und einfach zubereiten.
Popcorn wird aus besonders hartem Popcornmais hergestellt. In Deutschland wird Popcorn mit Zucker gegessen und in Amerika oder in der Schweiz süß oder salzig mit geschmolzener Butter. Eine wunderbare Alternative, auch ohne die Butter, zu anderen pikanten Naschereien.

Zuckermaiskolben

2 Zuckermaiskolben je Person
Wasser

Die Maiskolben nicht von allen Blättern befreien, denn der Geschmack ist dann intensiver.
Im Wasser ohne Salz kochen oder besser in einem Dämpfeinsatz etwa 20 Minuten garen. Die restlichen Blätter entfernen und die Körner einfach direkt vom Kolben abessen. Je ein Zahnstocher, rechts und links in den Kolben gesteckt, erleichtert das Festhalten.

Varianten:

- Salz dazu ist nicht nötig, schmeckt aber auch gut.
- Butter verfeinert den Geschmack. Diese entweder direkt aufbringen oder die Kolben kurz darin braten.
- Der frische Mais schmeckt köstlich, wenn die Maiskolben kurz auf einem Grill lagen. Sie können auch ohne vorheriges Kochen gegrillt werden, schmecken dann aber nicht so saftig.

Mais und Reis

Reis (½ Tasse je Person)
Wasser
Salz
Mais aus dem Glas
Butter oder Rapsöl

Einen Teil Reis in zwei Teilen Wasser mit etwas Salz bei aufgelegtem Deckel kochen (siehe Seite 89). Kurz bevor der Reis gar ist, den Mais mit der Flüssigkeit aus dem Glas auf den Reis schütten und zugedeckt zu Ende garen. Vor dem Servieren mit etwas Fett abschmecken. Ein sehr schnelles und gut schmeckendes Gericht.

Varianten:

- Statt Butter oder Rapsöl Macadamiamus hinzufügen.
- Mit Paprika, edelsüß, abschmecken.
- Vor dem Servieren Kokoscreme ohne weitere Fettzugabe hinzufügen.

Polenta

1 Teil Maisgrieß (½ Tasse pro Person)
3½ bis 4 Teile Wasser
Salz

Den Grieß in das kalte Wasser mit Salz einrühren, aufkochen und etwa zehn Minuten bei geringer Hitze zugedeckt garen. Häufig umrühren, vor allem gegen Ende der Kochzeit. Ein teflonbeschichteter Kochtopf verhindert das Anbrennen.
Polenta im Verhältnis 1 : 4 wird etwas flüssiger und ist zum Überbacken geeignet. Etwas weniger Wasser ergibt eine festere Polenta, die zum Beispiel für Grießnockerl nötig ist.

Polenta, überbacken

Polenta nach vorherigem Rezept für 2 Personen

Belag 1:
3 EL Paprikamark
1 EL Macadamiamus
½ Tasse Milch oder Wasser
Salz
Belag 2:
2 mittelgroße Zucchini
Salz
2 EL Rapsöl
3 EL Paprikamark
1 EL Oregano
1 Packung Feta

Die Polenta kochen und in eine Auflaufform streichen.
Das Paprikamark in einer kleinen Schüssel mit Milch oder Wasser und dem Macadamiamus vermischen, mit Salz abschmecken und auf der Polenta verteilen.
Für den zweiten Belag die Zucchini in kleine Würfel schneiden, in etwas Rapsöl vorgaren, mit Salz abschmecken und auf dem ersten Belag verteilen.
Danach mit Oregano bestreuen und mit Fetakäse belegen. Diesen dafür in dünne Scheiben schneiden.
Im Backofen wird dieses delikate Gericht etwa 20 Minuten bei 160 °C überbacken.

Varianten:
- Wer Olivenöl verträgt, sollte es statt des Rapsöls verwenden.
- Die Paprikamark-Soße zusätzlich mit Paprika, edelsüß, würzen.
- Statt Macadamiamus schmeckt auch Frischkäse.
- Statt Zucchini Broccoli verwenden.
- Statt mit Feta mit Butterkäse oder jungem Gouda überbacken.

Süße Polenta

1 Teil Maisgrieß
3½ bis 4 Teile Milch
1 kleine Prise Salz
Rohrohrzucker

Den Grieß mit wenig Salz in die kalte Milch einrühren, aufkochen und etwa zehn Minuten bei geringer Hitze zugedeckt garen. Häufig umrühren, vor allem gegen Ende der Kochzeit. Ein teflonbeschichteter Kochtopf verhindert das Anbrennen. Polenta im Verhältnis 1 : 4 wird etwas flüssiger und ist als Brei geeignet. Etwas weniger Milch ergibt eine festere Polenta, die zum Beispiel für Grießnockerl in Holunderbeersuppe nötig sind.

Popcorn

Etwas Kokosfett
Popcornmais
Salz oder Zucker

Etwas Fett in einen Kochtopf geben, erhitzen und so viel Popcornmais einfüllen, dass der Boden bedeckt ist. Einen Deckel auflegen und warten, bis die „kleine Schießerei“ im Topf beendet ist.
Mit etwas Salz oder Zucker bestreuen und vernaschen.

Maronen (Maroni, Esskastanien)

Früher bekam man sie nur in der Adventszeit, dann vor allem auf Weihnachtsmärkten, auf Glut gegrillt und ohne weitere Zutaten. Für mich ist das immer noch die leckerste Zubereitungsform.
Mittlerweile werden sie gegart und vakuumiert in den Gemüseabteilungen des Lebensmittelhandels und im Bioladen angeboten. Sie wurden nur in Wasser gekocht und haben keine sonstigen Zutaten. Daher sind sie ideal, um daraus das ganze Jahr über köstliche Maronengerichte zu kreieren.

Maronen aus dem Backofen

Frische Maronen

Den Backofen auf 180 °C Heißluft vorheizen und inzwischen in die Maronenschale mit einem scharfen Messer ein Kreuz schneiden, damit sie im Backofen nicht aufplatzt.
Die Maronen auf einem Backblech verteilen und etwa 20 Minuten backen. Die Schale öffnet sich an der aufgeschnittenen Stelle. Pur und noch heiß genießen.

Variante:
- Mit etwas Butter (süß oder gesalzen) essen.

Maronen aus der Pfanne

für 2 Personen

1 Packung gegarte Maronen
Rapsöl oder Butter
Salz

Die Maronen im Fett braten und mit Salz abschmecken. Da die Maronen schon gar sind, reicht es aus, wenn sie nur wenige Minuten gebraten werden. Sie schmecken als Gemüse oder auch als Kartoffelersatz.

Varianten:
- Wer es verträgt, kann zuerst etwas kleingeschnittene Zwiebel glasig braten und zum Schluss die Maronen dazugeben.
- Gleichzeitig klein geschnittene Karottenstücke mitbraten.
- Gegarte Maronen, ganz oder etwas kleiner geschnitten, gebraten oder ungebraten, sind eine leckere Einlage in Kürbissuppen.

Maronen-Eintopf

200 g Maronen
2 EL Rapsöl
250 g Karotten
1 Tasse Wasser
1 Tasse Kokoscreme
½ Tasse Macadamianüsse
Salz

Die Maronen im Öl anbraten, die Karotten in Würfel schneiden und hinzufügen. Mit Wasser ablöschen, einen Deckel auflegen und garen.
Die Macadamianüsse durch eine Knoblauchpresse drücken, zusammen mit der Kokoscreme kurz vor dem Servieren unterrühren und mit Salz abschmecken.

Paprika, alle milden Sorten

Paprika sind ein guter Ersatz für Tomaten. Sie schmecken vor allem zu Nudeln. Sie sind schnell zubereitet und man bekommt sie fast das ganze Jahr über.
Am besten verträglich sind die grünen Paprikaschoten. Sie schmecken nicht so mild wie die roten, gelben und orangefarbigen.
Paprika schmecken aber auch roh und sind vor allem dann sehr vitaminreich.
Die in Deutschland und Österreich Paprika genannten Früchte heißen in der Schweiz und in Südtirol Peperoni. So wiederum werden in Deutschland und Österreich die scharfen Schoten genannt, die in Südtirol und der Schweiz Peperoncini heißen. Alles klar?

Reisnudeln mit Paprika

für 2 Personen

½ Packung Reisnudeln
Wasser
Salz
3 Paprika
1 EL Rapsöl
1 Tasse Kokoscreme
Salz
Macadamiamus

Die Nudeln im Salzwasser kochen und abgießen. Die Paprika würfeln und im Rapsöl garen. Kurz vor dem Servieren mit Kokoscreme abschlöschen und mit Salz und Macadamiamus abschmecken. Mit den gegarten Nudeln vermischen und servieren.

Varianten:

- Die Kokoscreme mit Paprikamark würzen.
- Eine Soße aus Wasser und Paprikamark anstelle der Kokoscreme verwenden.
- Nudeln und Paprika getrennt servieren.
- Die Paprika in einer Auflaufform über die gegarten Nudeln gießen, mit Butterkäse oder jungem Gouda belegen und überbacken.

Paprika mit Curcuma-Reis

für 2 Personen

1 gehäufter EL Curcuma
Salz, 2 Tassen Wasser
1 Tasse Reis
Paprika
Rapsöl oder Butter

Curcuma und Salz mit einem Schneebesen ins Kochwasser rühren, den Reis hinzufügen und kochen. Die Paprika kleinwürfeln und dazugeben, sobald das meiste Wasser verkocht ist. Nach dem Garen verrühren und das Fett dazugeben. Ein schnelles, einfaches und leckeres Rezept.

Varianten:

- Statt Butter schmeckt Macadamiamus wunderbar dazu.
- Wer gerne eine Soße dazu mag, kann auch zum Schluss Kokoscreme oder Sahne statt Butter unterrühren. In diesem Fall noch einmal ganz kurz aufkochen.

Paprika, überbacken

Paprika
etwas Rapsöl
Salz nach Geschmack
junger Gouda

Die Paprika in größere Stücke schneiden, im Öl anbraten und nur leicht salzen. In eine Auflaufform füllen, mit Käsescheiben belegen und im Backofen überbacken, bis der Käse hellbraune Stellen bekommt.

Paprika-Antipasto

Rote oder gelbe Paprika
Rapsöl

Die Paprika halbieren, von dem Strunk und den Kernen befreien, nochmals halbieren und mit der Innenseite nach unten auf einem Backblech verteilen. Die Paprikaviertel mit Öl bestreichen und etwa 30 Minuten bei 180 °C Heißluft im Backofen rösten, bis die Haut aufplatzt. Sie lässt sich dann gut abziehen. Lauwarm oder kalt servieren.

Variante:

- Vor dem Servieren mit ein paar Tropfen Branntweinessig und etwas Rapsöl beträufeln.

Paprikamark, selbstgemacht

Paprikamark ist ein leckerer und guter Ersatz für Tomatenmark. Es wird viel in der Balkan-und der türkischen Küche verwendet. Man kann es leicht selbst herstellen. Das hat den Vorteil, dass man dann genau weiß, was darin enthalten ist. Die Arbeit lohnt sich, denn es schmeckt schon pur – anders als Tomatenmark – sehr lecker. Verwenden Sie überall dort, wo Sie sonst Tomatenmark einsetzen, Paprikamark. Wenn Sie allerdings Tomatensoße üblicherweise mit etwas Zucker süßen, lassen Sie diesen weg, denn Paprikamark hat eine Eigensüße.

Rote Paprika
1 TL Salz
Rapsöl

Ich verwende jedes Mal so viele Paprika, wie halbiert auf ein Backblech passen. Mit einem Heißluftofen können auch 2 Bleche zugleich in den Backofen geschoben werden. Für 100 Gramm Paprikamark ist etwa ein Kilogramm Paprika notwendig.
Die Paprika halbieren, den Strunk und die Kerne entfernen, mit der offenen Seite nach unten auf ein Backblech legen und die Haut mit Rapsöl bestreichen. Die Paprikahälften für etwa 30 Minuten in den auf 180 °C vorgeheizten Backofen legen, bis sich die Haut ablöst. Diese lässt sich dann leicht abziehen. Wer einen leistungsstarken Pürierstab oder eine gute Küchenmaschine hat, kann die Haut daran lassen.
Die weichen Paprika ganz fein pürieren und in einem Kochtopf etwa 30 Minuten bei geringer Hitze ohne Deckel kochen und ständig umrühren. Da das Mus stark spritzt, besser einen großen Topf verwenden oder einen Spritzschutz auflegen, wie er zum Braten in der Pfanne verwendet wird. Dabei der Masse etwas Rapsöl und Salz hinzufügen, auf ein Backblech gießen, den Backofen auf 150 °C (ohne Heißluft) stellen und knappe 2 Stunden einkochen lassen. Dabei immer wieder umrühren.

Das fertige Mark in kleine Gläser einfüllen und diese sofort verschließen, so wie man es bei einem Fruchtaufstrich machen würde. Alternativ kann es auch in ein großes Glas gefüllt und mit Rapsöl bedeckt werden. Nach jeder Entnahme muss das Rapsöl aufgefüllt werden. Das Mark hält dann, kühl gelagert, einen bis zwei Monate.

Paprikasoße

Paprikamark
Wasser
Salz

Das Mark im Verhältnis 1 : 3 oder 1 : 4 mit Wasser verdünnen und erwärmen. Nach dem Abschmecken zu Nudeln oder Gemüse essen. Durch verschiedene Gewürze und eine andere Flüssigkeit als Wasser wird die Soße noch schmackhafter und ist ein guter Ersatz für Tomatensoße. Der Unterschied ist nur, dass sie nicht mehr lange gekocht werden muss, um besonders gut zu schmecken.

Varianten:

- Etwas Macadamiamus unterrühren.
- Statt des Wassers Kokoscreme, Sahne oder Milch verwenden.
- Mit Paprika, edelsüß, verfeinern.
- Wer Knoblauch verträgt, kann die Soße damit würzen.
- Bei Verträglichkeit 1–2 kleingehackte Zwiebeln glasig braten und die Soße damit zubereiten.
- Mit Oregano oder Basilikum würzen.

Schnelle Paprikasoße

Paprika
Rapsöl
Salz

Die Paprika vom Strunk und den Kernen befreien, grob zerkleinern und zusammen mit dem Öl pürieren. Nach Geschmack salzen und ohne Deckel kochen. Die Soße ist anfangs recht flüssig, wird aber durch Verdampfen etwas fester. Zwischendurch umrühren. Anders als bei Paprikamark wird diese Soße nicht mit Wasser verdünnt.

Varianten:

- Vor dem Servieren mit Oregano oder Basilikum würzen.
- Statt Öl Macadamiamus oder ein paar Macadamianüsse mit pürieren.
- Die Paprika in breite Streifen schneiden, mit Rapsöl einpinseln und im Backofen garen und dann häuten, wie im Antipastorezept (Seite 124) beschrieben. Anschließend pürieren und würzen.

Hackfleisch-Paprikasoße

200 g frisches Hackfleisch je Person
2–3 EL Rapsöl
1 Bechertasse Wasser
3–4 EL Paprikamark
Salz

Das Hackfleisch im Öl braten, bis es gar ist, dabei gelegentlich umrühren, damit es krümelig bleibt. Das Wasser hinzufügen, das Paprikamark einrühren, mit Salz abschmecken und zu Nudeln servieren.

Varianten:

- Mit Oregano oder Basilikum würzen.
- Statt Wasser ein Wasser-Sahnegemisch verwenden.
- Ganze Paprikastücke mit dem Hackfleisch garen.
- Über Nudeln gießen, mit Feta oder einem anderen Käse belegen und überbacken
- Auf Polenta gießen, mit Käse belegen und überbacken.

Paprikasalat

1 Paprika je Person
2 EL Maiskeimöl
1 EL Dattelessig, selbst gemacht (Seite 85)
Salz

Die Paprika kleinschneiden. Das Öl mit dem Essig verrühren, salzen und darüber gießen.

Varianten umseitig

Varianten:
- Paprika und Mais aus dem Glas kombinieren.
- Etwas kleingehackten Bärlauch hinzufügen.

Pastinaken

Da sie gut gelagert werden können, bekommt man sie fast das ganze Jahr, aber vor allem im Herbst. Sie sehen aus wie große Petersilienwurzeln oder sehr dicke weiße Karotten. Sie werden geschält, schmecken mild nussig und sind schnell zubereitet. Sie sind gut verträglich und schmecken auch als Kartoffelersatz.

Pastinaken als Kartoffelersatz

Pastinaken
Wasser
Salz

Pastinaken schälen, in große Würfel schneiden, kochen oder besser dünsten und mit etwas Salz bestreut zu Gemüse servieren. Das schmeckt auch Kindern gut.

Varianten:
- In Butter schwenken.
- Mit reichlich kleingehackter Petersilie bestreuen.
- Kurz in Speiseöl braten.

Gedünstete Pastinaken

Pastinaken
Wasser
Sahne
Salz

Die Pastinaken schälen, würfeln und in etwas Wasser dünsten. Je nach Größe sind sie sehr schnell gar. Einen kleinen Teil der Pastinaken entnehmen, Sahne hinzufügen und pürieren. Diese Soße zum restlichen Gemüse geben, mit Salz abschmecken und servieren.

Varianten:
- Statt Sahne Macadamiamus und etwas Wasser verwenden.
- Vor dem Servieren viel gehackte Petersilie unterrühren.
- Mit etwas kleingehacktem Bärlauch servieren.
- Mit Curcuma würzen.

Gebratene Pastinaken

Pastinaken
Bratöl
Salz

Die Pastinaken schälen, klein schneiden und im Kokosöl braten. Sie dürfen nicht zu dunkel werden, denn dann werden sie bitter.
Sie schmecken leicht gesalzen zu Gemüse oder zu Kräuterquark.

Varianten:
- Mit etwas Rapsöl bestrichen und im Backofen gebacken, schmecken sie ebenfalls sehr gut und müssen nicht ständig gewendet werden.
- Dünne Scheiben mit Eigelb und Dinkel-Paniermehl panieren und in Kokosöl ausbacken.

Pastinakencreme

Pastinaken
Wasser
Macadamiamus
Salz

Die Pastinaken schälen, klein schneiden und mit wenig Wasser dünsten. Die gegarten Pastinaken mit einem Pürierstab cremig pürieren, mit Macadamiamus verfeinern und mit Salz abschmecken. Wenig zugefügte Flüssigkeit ergibt einen Brei, der als Kartoffelbreiersatz dienen kann, und viel Flüssigkeit ergibt eine Suppe.

Varianten:
- Statt mit Wasser mit einer erlaubten Brühe kochen.
- Statt mit Macadamiamus mit Schlagsahne anreichern.
- Vor dem Servieren mit reichlich Petersilie würzen.

Petersilienwurzel

Sie sieht aus wie eine kleine Pastinake, hat einen intensiven Petersiliengeschmack und ist eine gute Suppenzutat. Sie ist, ähnlich wie eine Pastinake oder Karotte zubereitet, eine Köstlichkeit und als Püree eine beliebte Beilage.
Die Wurzel wird geschält, in kleine Stücke oder Scheiben geschnitten und zubereitet. In Gemüsesuppen gibt sie ein wunderbares, zur Suppe passendes Aroma ab.

Gebratene Petersilienwurzel

Petersilienwurzel
Kokosöl
Salz
Petersilie

Die Petersilienwurzel in dünne Scheiben oder kleine Würfel schneiden, in Kokosöl braten, salzen und mit frischem Petersilienkraut würzen.

Radieschen

Die kleinen roten runden Wurzeln sind oft das erste heimische Gemüse des Jahres. Sie werden gesalzen und roh gegessen. Schneidet man Radieschen ein und legt sie in Wasser, „entfalten" sie sich an den Schnittstellen. Es gibt „Künstler", die wundersame Figuren aus ihnen schneiden und damit Büfetts dekorieren.

- Auf Butterbrot ein gesunder Vitaminspender.
- Auf Frischkäse oder Quark besonders gut.
- Im Salat eine würzige Beigabe.

Rettich

Die große Wurzel schmeckt ähnlich wie die Radieschen, nur noch etwas schärfer. Diese Schärfe wird durch Salzen reduziert. Dafür den Rettich in dünne Scheiben schneiden, mit Salz bestreuen und dieses nach ein paar Minuten abtupfen. Der Rettich wird dadurch vom enthaltenen scharfen Senföl weitgehend befreit, schmeckt deshalb milder und wird weicher. Verzehrt wird er ähnlich wie Radieschen.

- Mit etwas Geschick lässt sich, nach dem Schälen, der Rettich mit einem scharfen Messer in eine Spirale schneiden. Er wird großzügig gesalzen. Nach fünf bis zehn Minuten das Salz abspülen und verzehren. Für das Schneiden gibt es für ein paar Euro spezielle Rettichschneider.
- Im Salat ist Rettich eine würzige Zugabe.
- Fein gerieben würzt er Quarkspeisen.

Rote Bete

Rote Bete schmeckt roh und gekocht. Die eingelegte Variante ist leider histaminhaltig. Roh darf die Rote Bete nicht regelmäßig gegessen werden, denn sie kann Nierensteine verursachen.
Gekocht kann sie als Gemüse gegessen werden. Gekocht bekommt man sie auch vakuumverpackt in den Gemüseabteilungen des Lebensmittelhandels. Die Rezepte für Karotten können für die Rote Bete sehr gut angewendet werden. Eine Kombination aus diesen beiden Gemüsesorten ist besonders lecker.

Rohes Rote-Bete-Carpaccio

Rote Bete
Dattelessig, selbstgemacht
Rapsöl, Salz

Die Rote Bete schälen, in sehr dünne Scheiben schneiden und auf einem Teller anrichten. Essig und Rapsöl mit dem Salz cremig schlagen und darüber träufeln.

Gekochtes Rote-Bete-Carpaccio

Rote Bete, Wasser
Dattelessig, selbstgemacht
Rapsöl, Salz

Die Rote Bete als ganze Knolle kochen, den Stielansatz nicht abschneiden, damit sie nicht ausblutet. Die Kochzeit richtet sich nach der Größe der Knolle und beträgt in der Regel 50 bis 60 Minuten.

Bitte umblättern.

Vor allem im Herbst bekommt man im Bioladen kleine Knollen, die gut geeignet sind. Nach dem Kochen die Schale abziehen. Die gegarte Rote Bete in sehr dünne Scheiben schneiden und auf einem Teller anrichten.
Den Essig und das Rapsöl mit dem Salz cremig schlagen und darüber träufeln.

Rote-Bete-Gemüse

200 g Rote Bete je Person
Wasser, Salz
50 g Mascarpone

Die Rote Bete schälen, würfeln, knapp mit Wasser bedecken und garen. Die Kochzeit richtet sich nach der Größe der Würfel. Das ist etwas länger als es bei Karottenstücken in gleicher Größe dauern würde.
Einen Teil des Kochwassers entnehmen und den Mascarpone unterrühren. Nach kurzem Erwärmen zu Kartoffeln servieren.

Varianten:

- Statt mit Mascarpone mit einem anderen Frischkäse anreichern.
- Statt Frischkäse mit einer Mischung aus Wasser und Macadamiamus verfeinern.

Schwarzwurzeln

Ursprünglich kommen Schwarzwurzeln aus Spanien und werden erst seit dem frühen 18. Jahrhundert als Gemüse verzehrt. Früher waren sie nur eine Heilpflanze.
Lange hatten sie den Ruf des „Spargels für arme Leute". Zu Unrecht, wie ich finde, denn die Schwarzwurzeln haben einen hervorragenden anderen Geschmack und nichts gemeinsam mit Spargel.
Geerntet werden sie von Herbst bis Frühling, denn sie überstehen den winterlichen Frost in der Erde.
Das Schälen mit einem Sparschäler ohne Handschuhe ist eine kleine Strafe, denn die frischen Schwarzwurzeln, die roh ihrem Namen alle Ehre machen, geben einen klebrigen Saft ab, der sehr hartnäckig an den Händen und in der Kleidung klebt.
Um die Schale zu entfernen, kann man die gesäuberten Schwarzwurzeln auch für zehn Minuten kochen, erkalten lassen und dann die Schale abziehen.
Die geschälten, weißen, langen Wurzeln werden in Stücke geschnitten und gegart.
Wenn man die Schwarzwurzeln vor dem Kochen zehn Minuten in Apfelessigwasser legt, dem wenig Mehl beigegeben wurde, bleiben sie schön weiß.

Gedünstete Schwarzwurzeln

für 2 Personen

500 g Schwarzwurzeln
etwas Wasser
Butter
Salz

Die Schwarzwurzeln schälen, in Stücke schneiden und etwa 20 bis 30 Minuten im Dämpfeinsatz garen. Nach Geschmack salzen und in der Butter wälzen.

Varianten.

- Mit viel Paprika, edelsüß, würzen.
- Ohne Butter in eine Auflaufform füllen, mit einer Tasse Sahne übergießen und mit frischem Gouda überbacken.

Gebratene Schwarzwurzeln

für 2 Personen

500 g Schwarzwurzeln
etwas Wasser
Rapsöl
Salz

Die Schwarzwurzeln mit einer Bürste sorgfältig reinigen und etwa zehn Minuten kochen. Nach dem Erkalten schälen, in kleine Stücke schneiden und in einer großen Pfanne in Öl etwa zehn Minuten braten. Salzen.

Varianten:

- In den letzten fünf Minuten jungen Gouda darüber verteilen, einen Deckel auflegen und in der Pfanne weitergaren.
- Kurz vor dem Garpunkt mit Kokoscreme oder Sahne anreichern und gegebenenfalls mit Guarkernmehl andicken.
- Schmeckt wunderbar mit etwas Paprikamark und Sahne, Wasser oder Milch, die kurz vor dem Servieren eingerührt werden.

Sellerie

Die Sellerieknolle ist ein typisches Suppengemüse. Aber auch gebraten oder im Ofen gebacken, ist sie ein leckeres Gemüse und passt gut zu Kartoffeln oder Kartoffelbrei.
Die Sellerieknolle muss geschält werde, Stangensellerie nicht.
Als Suppenbeilage in Würfel schneiden und mitkochen. Mit etwas Sellerie in der Suppe spart man das Aroma eines Brühwürfels.
Stangensellerie ist eine beliebte Rohkostknabberei zum Dippen.
Vorsicht, wer unter vielen Allergien leidet, könnte auf Sellerie reagieren.
Sellerieknollen als Schnitzelersatz sind in der vegetarischen Küche schon lange ein Klassiker.

Sellerieschnitzel

für 2 bis 3 Personen

1 Sellerieknolle
Wasser
Zum Panieren und Braten:
2 Eigelb
4–6 EL Wasser
Salz
Dinkelpaniermehl
Kokosfett

Die Sellerieknolle in Wasser gründlich abbürsten, in einem hohen schmalen Kochtopf garen und schälen. In zentimeterdicke Scheiben schneiden.
Eigelb, Wasser und Salz mit einer Gabel verquirlen, Selleriescheiben darin wenden und im Paniermehl wälzen. Sie werden in heißem Kokosfett gebraten und serviert.

Gedünstete Sellerie

für 2 Personen

1 kleine Sellerieknolle
Wasser
Butter
Salz

Die Knolle in Wasser gründlich abbürsten, schälen und in Stücke schneiden. Diese im Dämpfeinsatz garen, in Butter wälzen und nach Geschmack salzen.

Varianten:

- Mit viel frischer Petersilie würzen.
- Einen Teil der gegarten Würfel entnehmen, mit etwas Sahne pürieren, mit Salz abschmecken und als Soße hinzufügen.
- Zu den Selleriewürfeln etwas Wasser oder Milch geben und mit Macadamiamus anreichern.

Selleriesuppe

½ Sellerieknolle
1 große mehlig kochende Kartoffel
1 große Karotte
1 EL Agavendicksaft
Wasser, Rapsöl, Salz

Das Gemüse schälen und würfeln. Die Karotte etwas kleiner als die beiden anderen Gemüsesorten würfeln.
Den Agavensicksaft karamellieren lassen und mit etwas Wasser ablöschen, bevor er dunkelbraun wird. Das Gemüse und das Öl hinzufügen und mit weiterem Wasser auffüllen. Das Gemüse sollte gerade bedeckt sein. Nach dem Garen mit Salz abschmecken und servieren.

Varianten:

- Die Suppe pürieren.
- Statt des Öls Macadamiamus hinzufügen und pürieren. Eine besonders leckere Variante.
- Vor dem Servieren mit einem Bund gehackter Petersilie würzen.

Reis mit Sellerie

Knollensellerie würfeln, in Rapsöl braten und zum Schluss gegarten Reis mitbraten. Ein schnelles und schmackhaftes Reisgericht.

Stangensellerie (Bleichsellerie)

Die Stangen können wie Spargel (s. u.) gegart und mit geschmolzener Butter übergossen werden.
Als Rohkost schmeckt Bleichsellerie sehr gut mit Kräuterquark oder einem Dip aus Frischkäse und Paprikamark.

Spargel, weiß und grün

Die Spargelzeit dauert von Ende April oder Anfang Mai bis zum Johannistag am 24. Juni. Spargel gehört zu den ersten frischen Gemüsen im Jahr und wird von vielen Menschen herbeigesehnt.
Schon die Griechen und Römer erkannten die harntreibende Heilwirkung. Seit Mitte des 16. Jahrhunderts wird er in Mitteleuropa angebaut, wobei es zunächst vor allem der grüne Spargel war, der, im Gegensatz zum weißen Spargel, oberirdisch wächst. In den letzten Jahren wird der grüne Spargel wieder angeboten. Er schmeckt aromatischer und hat eine dünne Schale, die nur am dicken Ende abgeschält werden muss.
Frischen Spargel erkennt man an dem quietschenden Geräusch, wenn man die Stangen aneinander reibt.
Auch dicke Spargel schmecken gut und werden nicht holzig. Da er nicht so dekorativ aussieht und etwas länger gegart werden muss, ist er oft preiswerter. Ich kaufe ihn gerne und gare ihn etwas kleiner geschnitten.
Für den Wintervorrat muss Spargel nur geschält und in Tüten gefüllt werden. Er lässt sich so einfrieren und schmeckt fast so gut wie frischer.
Spargel lässt sich am einfachsten mit einem Sparschäler schälen.

Spargel mit Butter

Spargel
etwas Wasser
Butter
Salz

Die Spargel schälen, eventuell in 2–3 cm lange Stücke schneiden und im Dämpfeinsatz garen. Die Dämpfzeit richtet sich nach der Dicke der Spargelstangen.
Sie können auch im Wasser gekocht werden, verlieren dort aber etwas an Aroma.
Die Spargel werden mit Salz gewürzt und mit Butter serviert.
Das Dämpf- oder Kochwasser nicht weggießen, denn es kann eine gute Grundlage für eine Gemüse- oder Spargelsuppe ergeben.

Varianten:
- Statt mit Butter mit einer Sauce Hollandaise servieren.
- Aus einer Tasse heißer Milch, 2–3 EL Macadamiamus und etwas Salz eine Soße rühren und zum Spargel essen.
- Statt mit Butter mit einer Sauce Hollandaise servieren.
- Spargelstangen mit leicht angeröstetem Dinkelpaniermehl bestreuen und mit zerlassener Butter übergießen.

Spargel mit Mascarponesoße

Spargel
Wasser
Soße:
Mascarpone
Spargelwasser
Salz

Die Spargel dämpfen oder kochen. Ein paar Spargelstücke, etwas Spargelkochwasser und Mascarpone pürieren, mit Salz abschmecken und zu den Spargelstangen servieren. Die Mengenverhältnisse richten sich nach dem Geschmack.

Spargel mit Bärlauch

Spargel
Wasser
Soße:
Bärlauch
Butter oder Rapsöl
Spargelwasser
Salz

Die Spargel dämpfen oder kochen. Ein paar Spargelstangen, etwas Spargelkochwasser, Bärlauch und Butter pürieren, mit Salz abschmecken und zu den Spargelstangen servieren. Die Mengenverhältnisse richten sich nach dem Geschmack. Frischen Bärlauch bekommt man zur selben Zeit wie Spargel.

Spargel aus dem Backofen

Spargel
Rapsöl

Die geschälten Spargelstangen auf einem Backblech mit etwas Speiseöl bepinseln und im Backofen garen. Dazu schmeckt eine Sauce Hollandaise wunderbar.

Spargel mit Macadamiamus

Spargel
Wasser
Macadamiamus
Salz

Die Spargel kochen oder dünsten. Einige Spargelstücke anschließend mit etwas Spargelwasser und Macadamiamus pürieren. Mit Salz und gegebenenfalls weiterem Macadamiamus abschmecken. Zu den Spargelstangen serviert, ist diese Soße eine wirkliche Delikatesse.

Spargelcremesuppe

300 g Spargel
1 große Kartoffel, mehlig kochend
1 EL Agavendicksaft
Wasser
1 Becher Schmand oder Sahne
1 EL Rapsöl
Salz

Die Spargel schälen und in kurze Stücke schneiden. Die Kartoffel schälen und würfeln.
Den Agavendicksaft karamellisieren und mit etwas Wasser ablöschen. Spargel, Kartoffel und Schmand hinzufügen und mit Wasser soweit auffüllen, dass das Gemüse zur Hälfte bedeckt ist.
Nach einer kurzen Kochzeit das Rapsöl hinzufügen, die Suppe zu einer Cremesuppe pürieren und mit Salz abschmecken.

Varianten:
- Statt des Schmands eine Mischung aus Wasser und Macadamiamus hinzufügen.
- Mit frischem Bärlauch würzen. Diesen einfach mitpürieren.
- Wer Zwiebeln verträgt, sollte eine oder zwei würfeln und im Agavendicksaft braten.

Steckrüben

Die Steckrübe ist eine uralte Pflanze und wurde vermutlich schon in der Steinzeit gegessen. Sie darf also bei keinem Mittelalteressen fehlen. Zu Unrecht hat sie bei vielen Menschen einen schlechten Ruf, der auf die Steckrübenzeit in den beiden Weltkriegen zurückgeht. Im ersten Weltkrieg ersetzte sie eine schlechte Kartoffelernte. In manchen Haushalten gab es oft tagelang nichts anderes zu essen, doch sie bewahrte viele Menschen vor dem Verhungern.
Viele Menschen kennen die Steckrübe nur süß-sauer eingelegt, was sicherlich Geschmacksache ist. Geben Sie ihr eine Chance, wie renommierte Sternenköche es tun.

Gedämpfte Steckrübe

½ Steckrübe
etwas Wasser
Salz
Maiskeimöl
Petersilie

Die Steckrübe schälen, in große Würfel schneiden und im Dämpfeinsatz garen. Die Garzeit richtet sich nach der Würfelgröße, ist aber ähnlich wie bei Kartoffeln. Nach dem Garen mit Salz und gehackter Petersilie würzen und in Maiskeimöl schwenken.

Steckrübe aus dem Backofen

½ Steckrübe
3–4 EL Rapsöl
Salz

Die Steckrübe schälen, würfeln und auf einem Backblech verteilen. Das Öl darüber gießen, mit Salz bestreuen und mit einem Pfannenheber oder den Händen vermengen, denn alle Steckrübenwürfel müssen mit Öl bedeckt sein. Bei 180 °C Heißluft im Backofen garen.

Varianten:

- Mit Rosmarinnadeln würzen. Diese dürfen gleich mitgaren.
- Zum Schluss auf dem Backblech tellergroß zusammenschieben und mit Butterkäse oder frischen Gouda überbacken.

Steckrüben-Creme

1 EL Agavendicksaft
½ Steckrübe
2 große Kartoffeln, mehlig kochend
Wasser
1 Becher Sahne

Die Steckrübe und die Kartoffeln schälen, in kleine Stücke schneiden und zur Seite stellen. Den Agavendicksaft karamellisieren, die Gemüsestücke hinzufügen und, mit Wasser knapp bedeckt, auffüllen.
Nach dem Garen die Sahne hinzufügen, mit dem Pürierstab zu einer Creme verarbeiten, kurz aufkochen und mit Salz abschmecken.

Varianten:
- ½ Bund Petersilie mitpürieren.
- Bärlauch mitpürieren.
- Sofern erlaubt, eine kleine Zwiebel im Agavendicksaft braten.

Süßkartoffel / Batate

Beliebt und viel gegessen in Asien, Afrika und Südamerika. In vielen Ländern Südamerikas bekamen wir sie gegrillt in Garküchen. Das ist, wie ich finde, die schmackhafteste Methode der Zubereitung.
Die Süßkartoffel, auch Batate genannt, gibt es in verschiedenen Sorten. Sie hat ihren Namen wegen des je nach Farbe des Fruchtfleisches unterschiedlich süßlichen Geschmacks. Sie wächst in subtropischen und tropischen Gebieten und ihr Fruchtfleisch kann weiß, gelblich, orange oder fast rot sein, wobei Letzteres am aromatischsten schmeckt.
Die Süßkartoffel wurde ursprünglich in Südamerika angebaut und ist dort das älteste Nahrungsmittel überhaupt. Heute ist China das Hauptanbauland und sie wird nicht nur dort, sondern auch in Korea in großer Menge verzehrt.
Sie hat zwar eine dünne Schale wie eine Kartoffel, ist aber mit ihr nicht verwandt, auch wenn sie eigentlich genauso zubereitet werden kann. Ihre Garzeit ist allerdings etwas kürzer. Die Schale kann mitgegessen werden, ist nach dem Garen aber hart und schmeckt nicht gut.
Die einer länglichen Kartoffel ähnliche Knolle ist schnell zubereitet:
- Ich schneide sie gerne in Würfel und gebe sie in eine Suppe.
- Einfach halbieren, mit Speiseöl bepinseln und im Backofen garen. Die Schale ist dick und etwas ledrig und wird nicht mitgegessen. Das Fruchtfleisch lässt sich gut auslöffeln. So lernte ich sie in den USA kennen. Wir aßen die dunkelrote Sorte oft, denn mit etwas Butter und Salz ergab sie eine schnelle Beilage.
- Die geschälte Süßkartoffel würfeln, etwas einölen und wie Ofenkartoffeln auf einem Backblech backen.
- Die Süßkartoffel schälen, in zentimeterdicke Scheiben schneiden, diese in reichlich Kokosöl frittieren und leicht gesalzen wie Bratkartoffeln genießen.

Süßkartoffeln mit Karotten

2 mittelgroße Süßkartoffeln
4 große Karotten
Wasser
2 EL Macadamiamus
1 Bechertasse Milch
Salz

Die Süßkartoffeln und die Karotten schälen und würfeln. Dabei die Karotten etwas kleiner schneiden, denn sie garen langsamer. Beides im Dämpfeinsatz mit etwas Wasser kochen.
Das Macadamiamus in die Milch einrühren und das gegarte Gemüse hinzufügen. Kurz aufkochen, mit Salz abschmecken und servieren.

Süßkartoffelsuppe

2 bis 3 große Süßkartoffeln
Wasser
1 Tasse Schmand oder Sahne
Salz

Die Süßkartoffeln schälen, würfeln und in einem Kochtopf, knapp mit Wasser bedeckt, weich kochen. Den Schmand unterrühren und alles zu einer cremigen Suppe stampfen oder pürieren. Mit Salz abschmecken und servieren.
Die Suppe schmeckt leicht süß.

Varianten:
- Wer etwas Zwiebel verträgt, sollte sie zerkleinern und in Rapsöl glasig braten, mit Wasser ablöschen und dann die Süßkartoffeln hinzufügen.
- Petersilie mitpürieren.
- Mit einem kleinen Schuss Dattel-Branntweinessig abschmecken.

Zucchini

Ein sehr beliebtes Gemüse, bei dem fast jedem sofort viele Rezepte einfallen. Zucchini sind schnell vorbereitet, denn es müssen nur die beiden Enden abgeschnitten werden. Sie kommen ursprünglich aus Mexiko und gehören zu den Kürbisgewächsen.

Im 17. Jahrhundert kam die Pflanze nach Italien und breitete sich zunächst rund um das Mittemeer aus. Erst seit den 1970er-Jahren werden Zucchini hier bei uns gegessen und in den heimischen Gärten angebaut.
Sie dürfen nicht unter 8 °C gelagert werden.
Grundsätzlich dürfen sie nicht zu weich gegart werden, mit etwas Biss schmecken sie am besten. Die Schale wird mitgegessen, außer die Zucchini sind extrem dick, wie es manchmal im heimischen Garten bei zu später Ernte passiert. Dann schmecken sie nur noch als Suppe.
Rezepte gibt es unendlich viele und die meisten Menschen haben ihre Lieblingsgerichte, die meistens unverändert gut vertragen werden.

Gedünstete Zucchini

Zucchini
Rapsöl
Oregano, Salz

Die Zucchini in nicht zu kleine Würfel schneiden, im Öl dünsten. Dafür ist keine Flüssigkeit notwendig, denn die Zucchini haben genug eigene. Vor dem Servieren mit Oregano würzen und mit Salz abschmecken.

Varianten:
- Kurz bevor die Zucchiniwürfel gar sind, Fetakäsewürfel hinzufügen.
- Nur ganz kurz garen und mit jungem Gouda, Butterkäse oder Feta im Backofen überbacken.

Panierte Zucchini

Zucchini
Salz, Eigelb
Dinkelpaniermehl (Seite 180)
Kokosöl

Die Zucchini in dicke Scheiben schneiden, erst im gesalzenen Eigelb und dann im Paniermehl wälzen. Die Scheiben im heißen Fett beidseitig frittieren.

Variante:
- Das Paniermehl mit etwas Oregano würzen.

Gegrillte Zucchini

Zucchini
Rapsöl
Oregano
Salz

Die Zucchini der Länge nach halbieren, mit Öl bestreichen, mit Oregano und Salz bestreuen und auf einem Backblech im Ofen garen.

Variante:
- Kurz vor Ende der Grillzeit die Zucchini mit Butterkäse oder Fetakäse belegen.

Zucchini mit Hackfleischfüllung

Zucchini
frisches Hackfleisch
Salz

Die Zucchini der Länge nach halbieren, aushöhlen, mit dem gesalzenen Hackfleisch befüllen und auf einem Backblech im Backofen garen.

Varianten:
- Kurz bevor die Zucchini und das Hackfleisch gegart sind, mit jungem Gouda belegen und fertig garen.
- In das Hackfleisch gehackte Macadamianüsse einkneten.
- Das Hackfleisch wird knuspriger, wenn es zuvor kurz angebraten wird.
- Das Hackfleisch wie für Frikadellen (Seite 147) zubereiten. Dabei statt Ei etwas Joghurt verwenden.
- Das Hackfleisch wie für Frikadellen zubereiten. Dabei statt Ei etwas Joghurt verwenden und mit Paprikamark anreichern.

Zucchini mit Reisfüllung

Zucchini
gekochter Reis
Butterkäse
Salz

Die Zucchini der Länge nach halbieren, aushöhlen und auf einem Backblech im Backofen halb gar werden lassen. Mit dem zuvor gekochten Reis befüllen, mit Butterkäsescheiben belegen und überbacken.

Varianten:
- Den Reis mit ein paar gehackten Macadamianüssen mischen.
- Ein kleines Stück Süßkartoffel sehr klein würfeln und mit dem gegarten Reis vermischen.

Zucchinisuppe

400 g Zucchini
1 Bechertasse Sahne
1 TL Oregano
Salz

Die Zucchini würfeln, die Sahne hinzufügen fünf Minuten unter ständigem Umrühren kochen und mit einem Pürierstab zu einer glatten Masse verarbeiten. Nochmals fünf Minuten kochen und mit Salz abschmecken.

Varianten:
- Mit Paprika, edelsüß, würzen.
- Statt Sahne etwas Milch verwenden und Macadamiamus unterrühren.

Zucchinisalat

300 g Zucchini
Wasser
2 EL Maiskeimöl
1 EL Dattel-Branntweinessig
Salz

Die Zucchini in dünne Scheiben schneiden und nur eine knappe Minute in heißem Wasser blanchieren. Abkühlen lassen und wie einen Salat mit Öl und Essig anmachen. Das schmeckt besonders gut, wenn die Zucchini sehr klein und aromatisch sind. Je dünner die Scheiben, desto kürzer blanchieren.

Varianten:

- Zum Salatöl etwas Macadamiamus und gegebenenfalls einen kleinen Schuss Milch geben.
- Bei guter Verträglichkeit ein kleines Zwiebel- oder Knoblauchstück durch eine Knoblauchpresse drücken und in die Salatsoße rühren.

Zwiebeln und Schalotten

Leider sind Zwiebeln und Schalotten nur in geringer Menge erlaubt, wobei die weiße Zwiebel besser vertragen wird als die rote. Da ihr Geschmack aber intensiv ist, reicht schon eine geringe Menge aus, um verschiedene Gerichte damit zu würzen.

Gebratene Zwiebeln

Mit etwas Salz im Speiseöl glasig gebraten, schmecken sie leicht süß und sind aromatisch. Süße bedeutet Geschmacksverstärkung und das Aroma passt zu vielen Gemüsesoßen. Gebratene Zwiebeln dicken auch Soßen etwas ein.

- Die Zwiebel würfeln oder in Ringe schneiden, in etwas Öl oder besser Agavendicksaft glasig braten, mit etwas Wasser oder Sahne ablöschen und das jeweilige Gemüse hinzufügen. Suppen und Soßen bekommen so mehr Aroma.
- Zur glasig gebratenen Zwiebel etwas gegartes Gemüse, etwas Milch und Macadamiamus geben, pürieren und mit Salz abschmecken.
- Eine glasig gebratene Zwiebel und etwas gegartes Gemüse zusammen mit Schlagsahne pürieren. Etwas Verdickungsmittel einrühren, mit Salz und Gewürzen abschmecken und servieren.

Frikadellen

1 kleine Zwiebel
200 g Hackfleisch
1 Eigelb
3–4 EL Milch oder Joghurt
1 Handvoll Dinkelpaniermehl (Seite 180)
Salz

Die Zwiebel entweder sehr fein hacken und durch eine Knoblauchpresse drücken oder, noch besser, mit dem Eigelb und der Milch oder Joghurt pürieren. Je feiner die Zwiebel ist, desto aromatischer der Geschmack.
Das Hackfleisch in eine Schüssel legen, Zwiebel-Eimischung einrühren, das Paniermehl hinzufügen, Frikadellen oder Bällchen formen und im Bratfett braten.

Varianten:
- Nicht in der Pfanne braten, sondern auf einem Backblech im Backofen.
- Mit Mandelscheiben anreichern.

Frikadellen ohne Ei

1 kleine Zwiebel
200 g Hackfleisch
1 Becher Naturjoghurt
1 Handvoll Dinkelflocken
Salz

Die Flocken in Joghurt einrühren und etwa eine halbe bis eine Stunde aufquellen lassen.
Die Zwiebel entweder sehr fein hacken oder durch eine Knoblauchpresse drücken.
Das Hackfleisch in eine Schüssel legen, das Joghurtgemisch und die Zwiebeln mit einer Hand einrühren, Frikadellen oder Bällchen formen und im Bratfett braten.
Man bekommt lockere Frikadellen, die vorsichtig gewendet werden müssen, aber sehr gut schmecken.

Variante:
- Statt Dinkelflocken feine Haferflocken verwenden.

Obst

Apfel

Es gibt unglaublich viele Apfelsorten, wobei die älteren weniger Histamin enthalten. Außer dass man sie frisch essen sollte, kann man Apfelmus oder ein Gelee daraus herstellen.
Äpfel aus dem Bioladen oder Garten schmecken meistens besser als konventionell angebaute.
Nicht vergessen sollte man, falls erhältlich und für die jeweilige Verwendung passend, Äpfel von Streuobstwiesen, aus Gründen der Ökologie.
Fragen Sie immer nach der Lagerzeit im Laden und legen Sie die Äpfel zu Hause in den Kühlschrank.
Getrocknete Äpfel sind ebenfalls gut verträglich, sofern sie frisch und schnell getrocknet wurden. Sie sind ein leckeres und gesundes Naschwerk und schmecken sogar als Teegrundlage.

Apfelmark

Äpfel
etwas Wasser

Die ganzen Äpfel säubern, vierteln und mit sehr wenig Wasser in einem Kochtopf bei aufgelegtem Deckel weich kochen. Dabei gelegentlich umrühren. Diesen Brei dann durch die „Flotte Lotte" passieren. Die Kerne und Schale verbleiben dort. Da sich das gesunde Pektin, das dem Apfelmark auch die feste Konsistenz gibt, am Kerngehäuse und unter der Schale befindet, bleibt es erhalten.

Variante:

- Mit Rohrohrzucker gesüßt, bekommt man gutes Apfelmus.

Bratapfel

1 Boskop je Person
weiße Rosinen
Butter, Zimt

Die Äpfel mit einem Apfelausstecher vom Kerngehäuse befreien und mit einem scharfen Messer eine Ritze rundherum schneiden. Dann platzen sie nicht willkürlich auf und sehen appetitlicher aus.
Die Äpfel in eine Auflaufform oder passende Porzellanschüssel stellen, mit Rosinen füllen und diese mit den Fingern fest in die Äpfel drücken. Auf jeden Apfel einen halben Teelöffel Butter und zwei Messerspitzen Zimt geben.
Im Backofen bei 160 °C Heißluft etwa 30 Minuten backen.
Bratäpfel schmecken köstlich mit Vanillepudding oder -soße oder einer Kugel Vanilleeiscreme.

Getrocknete Äpfel

Äpfel

Die Äpfel mit oder ohne Schale vierteln, entkernen und die Stücke in Scheiben schneiden. Eine etwas aufwendigere Methode ist es, das Kerngehäuse auszustechen und die Äpfel in Ringe zu schneiden. Diese sehen noch schöner aus. Sie werden in einem Dörrgerät mehrere Stunden getrocknet. Die meisten Backöfen sind zu heiß zum Dörren. Die Äpfel garen darin, anstatt zu trocknen. Dörrgeräte gibt es im Haushaltswarenladen, oft aber auch in Naturkostläden (Bezugsquellen bei den Adressen am Ende des Buches). Die getrockneten Äpfel schmecken pur als gesunde Nascherei oder auch als Apfeltee.

Apfeltee

Getrocknete Apfelstücke
Wasser

Pro Liter etwa ½ Tasse getrocknete Apfelstücke mit heißem Wasser übergießen und abgedeckt mindestens 10–15 Minuten ziehen lassen. Der Tee schmeckt ungesüßt und die Äpfel können danach noch gegessen werden. Je mehr Apfelstücke, desto intensiver der Geschmack. Der Tee schmeckt warm und kalt.

Apfeljoghurt

1 Apfel
1 Naturjoghurt
1 bis 2 MSP Zimt
Rohrzucker nach Bedarf

Den Apfel mit der Schale aber ohne Gehäuse kleinschneiden. Alle Zutaten pürieren und frisch genießen.

Varianten:
- Statt Zucker etwas Zuckerrübensirup verwenden.
- Der Joghurt wird etwas feiner, wenn man den Apfel vorher schält.

Apfelcrumble

Siehe Crumble mit Cranberry und Apfel, Seite 191

Aprikose (Marille)

Aprikosen schmecken vor allem frisch und getrocknet. Nach dem Kauf müssen sie alsbald verzehrt werden, denn sie halten sich auch im Kühlschrank nicht lange. Eine kleine Menge verfeinert grünen Salat und natürlich jeden Obstsalat. Besonders köstlich finde ich getrocknete Aprikosen, die leider fast immer geschwefelt sind. Also entweder selber trocknen oder im Reformhaus beziehungsweise Bioladen kaufen.

Aprikosen dörren

Frische Aprikosen

Die Aprikosen halbieren, entsteinen und mit der Schnittfläche nach unten auf dem Dörrgerät über Nacht trocknen.

Brombeere

Süße Brombeeren findet man saisonal auf vielen Wochenmärkten und in Feinkostgeschäften. Mit Glück findet man sie zwischen Anfang August und Oktober auch im Wald und kann sie vor Ort verzehren*. Haben Sie dabei keine Angst vor dem Fuchsbandwurm. Es gibt ihn selten in Deutschland und die Brombeeren wachsen viel zu hoch.
Brombeeren schmecken gut in Joghurt oder als Fruchtaufstrich. Wer sie nicht bekommt, kann sie tiefgekühlt kaufen. Sie bereichern Quarkspeisen, Eiscremes und Joghurt.

Schnelles Brombeereis

Brombeeren, gefroren
Kokoscreme oder Sahne
Zucker

Die gefrorenen Beeren zusammen mit etwas Kokoscreme und Zucker pürieren und bald verzehren. Das geht schnell und schmeckt gut.

Cranberry

Cranberrys schmecken pur bitter-säuerlich und nicht besonders gut. Sie werden jedoch gerne als Bestandteil eines Kuchens oder als Beilage zu Wild anstelle von Preiselbeeren verwendet. Und es gibt sie getrocknet im Lebensmittelhandel.
Vor allem werden sie aber als medizinischer Saft angeboten und sollen Blasenentzündungen vorbeugen. Die Wirkung ist allerdings nach meiner Meinung selten so gut wie versprochen.

Crumble mit Cranberry und Apfel

Siehe Seite 191

* Ausführliche Informationen im Buch „Die 12 besten Beeren" von Dr. Markus Strauß (Hädecke Verlag)

Datteln

Datteln sind eine süße Köstlichkeit. Je dunkler, desto kostbarer, aber auch süßer ist die Frucht. In den Ursprungsländern werden Dattelpalmen gerne gezüchtet, weil jeder Teil des Baums – wie auch bei Kokospalmen – verwendet werden kann. Sie wachsen in Oasen und werden im Spätherbst geerntet. Kleinere Sorten wachsen in Nordafrika sowie im Nahen Osten und große, sehr süße in Kalifornien. Sie werden pur gegessen oder in Obstsalaten, Kuchen und eigentlich können sie überall zugefügt werden, wo auch Rosinen passen würden. Dafür einfach entkernen und kleinschneiden.

Gefüllte Datteln

Datteln
Macadamianüsse

Die Datteln an einer Seite der Länge aufschneiden und den Kern entfernen. An Stelle des Kerns kommen nun ein bis zwei Macadamianüsse in die Dattel. Ursprünglich gehören geschälte Mandeln oder Walnüsse hinein, aber diese Variante ist ebenso köstlich.

Dattel-Macadamia-Kugeln

Datteln
Macadamia

Die Datteln zusammen mit den zuvor etwas klein gehackten Macadamianüssen durch den Wolf drehen, zu Kugeln formen und genießen. Die Mengenverhältnisse sind abhängig davon, wie fruchtig die Datteln sind.
Die zuvor in Stücke geschnittenen Datteln lassen sich auch durch eine Knoblauchpresse drücken. Das geht besonders gut mit den großen aus Kalifornien. Die Macadamianüsse müssen dann mit einem scharfen Messer sehr fein gehackt werden. Für eine kleine Naschmenge ist das ausreichend.

Variante:

- Wer Mandeln verträgt, kann auch geraspelte Mandeln verwenden.

Dattel-Dinkel-Kugeln

2 Teile Datteln
1 Teil Dinkelflocken

Die Datteln durch den Fleischwolf drehen oder durch die Knoblauchpresse drücken. Die Dinkelflocken auf einem Küchenbrett mit einem großen feinen Messer feinhacken, wie man es mit Petersilie machen würde. Das Dattelmus mit den Dinkelflocken vermengen und zu Kugeln formen.
Diese Kugeln können lange aufbewahrt werden und schmecken das ganze Jahr über delikat.

Varianten:
- Statt Dinkelflocken Haferflocken verwenden.
- Mit etwas Zimt würzen oder zum Schluss darin wälzen.
- Die Hälfte der Datteln durch weiße Rosinen ersetzen.

Granatapfelsaft

Die Kerne dieser wunderbaren Frucht sind histaminhaltig. Leider ist der Granatapfel voll von Kernen, die mit Fruchtfleisch ummantelt sind. Da hilft nur: Muttersaft oder Direktsaft ohne weitere Zutaten. Sie bekommen ihn im Reformhaus und im Naturkostladen.
Der Saft kann pur getrunken werden oder als Basis für ein Gelee dienen.

Heidelbeere (Blaubeere, Waldbeere)

Frische Heidelbeeren gibt es nur im Sommer. Tiefgekühlte das ganze Jahr. Wie auch aus Brombeeren, kann man aus ihnen ein schnelles und leckeres Eis machen. Sie schmecken aber vor allem pur köstlich und sind gesund.
In meiner Kindheit waren wir viel im Norden Skandinaviens und haben im August täglich kiloweise Heidelbeeren im Wald gepflückt und einfach nur mit Milch und etwas Zucker genossen. Heute ist das leider wegen der Tschernobyl-Katastrophe nicht mehr möglich.
Heidelbeeren, die zum Verkauf angeboten werden, kommen aus Kulturanbauten und sind nicht radioaktiv verstrahlt.

Heidelbeeren mit Milch

Heidelbeeren
Milch
Zucker nach Bedarf

Der Klassiker: Heidelbeeren mit Milch übergießen und eventuell zuckern.

Heidelbeer-Joghurt

Heidelbeeren
Naturjoghurt

Heidelbeeren in eine kleine Schale geben und mit einer Gabel zerdrücken, damit sich das Fruchtfleisch mit dem eingerührten Naturjoghurt vermischt. Nach Bedarf zuckern.

Heidelbeereis

1 Tasse frische Heidelbeeren
1 kleiner Becher Naturjoghurt
1 TL Macadamiamus
1 TL Agavendicksaft

Alle Zutaten pürieren und in einer Schüssel in den Gefrierschrank stellen. Während des Gefrierens gelegentlich umrühren.

Variante:

- Anstelle der frischen Heidelbeeren eine halbe Packung tiefgefrorene verwenden. Sie müssen dann nicht mehr gefroren, sondern können sofort genossen werden.

Heidelbeer-Lassi

1 Naturjoghurt
1 Tasse Heidelbeeren
1 TL Rohrohrzucker

Alle Zutaten zusammen pürieren. Gegebenenfalls mit etwas Milch flüssiger machen. Ich mag es lieber konzentrierter und verdünne es nicht. Je mehr Frucht, desto flüssiger wird es.

Heidelbeerquark

500 g Heidelbeeren
500 g Magerquark
1 kleiner Becher Schlagsahne
Rohrohrzucker nach Bedarf

Einen Teil der Heidelbeeren pürieren. Die Sahne schlagen und unter den Quark rühren. Die Heidelbeercreme und die ganzen Heidelbeeren einrühren und nach Geschmack süßen.

Holunderbeere (Fliederbeeren)

Früher stand auf jedem Bauernhof ein Holunderbusch, denn er sollte Menschen und Tiere beschützen. Schon in der Jungsteinzeit wurde sein Saft als Heil- und Nahrungsmittel genutzt.

Schwarze Holunderbeeren sind im rohen Zustand giftig, aber eine Holundersuppe aus dem Saft ist eine Köstlichkeit. Der Saft ist ungesüßt nicht trinkbar, gezuckert schmeckt er kräftig, herb, aromatisch und gut.

Wer einen eignen Holunderbusch im Garten hat oder weiß, wo einer steht, der nicht abgeerntet wird, kann aus den gewaschenen Beeren im Dampfentsafter den Saft gewinnen. Dafür müssen die Beeren nicht von der Dolde befreit werden. Ein langsamer aber einfacher Vorgang.

Im Bioladen und Reformhaus gibt es Holundersaft als Muttersaft oder pur, also ohne weitere Zutaten.

Holunderbeeren-Suppe

Einlage:
1 Tasse Maisgrieß
3½ Tassen Milch
1 Prise Salz
Suppe:
1 Flasche (0,7 ml) Holunderbeersaft, pur
½ Packung Puddingpulver
Rohrohrzucker nach Geschmack

Der Maisgrieß wird in der Milch mit einer Prise Salz bei sehr geringer Hitze etwa 20 Minuten zu einer Polenta gekocht. Dabei unbedingt häufig umrühren. Ein Topf mit Beschichtung ist hilfreich.
Aus dem Holundersaft wird in einem Extratopf ein recht flüssiger Pudding hergestellt. Das Puddingpulver dafür in einer Extraschüssel mit etwas Saft verrühren. Den restlichen Saft erwärmen, verrührtes Puddingpulver einrühren und kurz aufkochen lassen. Die Suppe dann erst mit Zucker abschmecken.
Aus der Polenta mit Hilfe von zwei Esslöffeln kleine Nocken formen und in die Suppe einlegen.
Wer die Suppe etwas flüssiger mag, kann das Puddingpulver reduzieren.
Eine wirklich köstliche süße Suppe, die vor allem an kalten Wintertagen genossen wird, aber auch als Kaltschale an heißen Tagen köstlich erfrischt.

Johannisbeere, rot, weiß, schwarz

In vielen Gärten wachsen Johannisbeersträucher. Die roten, gelben und weißen Beeren schmecken pur oder zubereitet. Aus schwarzen werden vor allem Fruchtaufstriche und Säfte hergestellt. Schwarze Beeren bekommt man selten zu kaufen.

Rote oder weiße Johannisbeeren mit Milch

Johannisbeeren
Milch
Rohrohrzucker nach Bedarf

Johannisbeeren zuckern und eine Stunde kühl stellen. Mit Milch übergießen und essen.

Johannisbeer Fruchtaufstrich im Quark

250 g Quark (40 %)
½ Tasse Milch
¼ Glas Johannisbeer-Fruchtaufstrich
Rohrohrzucker nach Bedarf

Alle Zutaten vermengen, abschmecken und servieren.

Kaki, Persimone, Sharonfrucht

Drei Namen, eine Frucht mit unwesentlichen Unterschieden. Die Früchte schmecken pur – wie ein Apfel gegessen – wunderbar. Je weicher, desto süßer, dann allerdings löffelt man sie lieber aus. Die Schale kann mitgegessen werden.
Die Kaki ist eine Frucht, die man tatsächlich pur essen sollte, denn sie hat einen süßen und aromatischen Geschmack, dem man eigentlich nichts hinzufügen muss. Kakis können in fast jedem Reifezustand gegessen werden, ich wäre aber hinsichtlich der Histaminbildung durch Reifung vorsichtig, wenn sie sehr weich und damit richtig reif sind. Kakis passen natürlich auch in jeden Obstsalat.

Kaki-Lassi

2 Kakis, 1 Becher Naturjoghurt

Die Kakis von dem großen Blütenansatz befreien, grob zerkleinern und mit dem Joghurt pürieren. Wer es flüssiger mag, kann Wasser oder Milch hinzufügen.

Quark mit Kaki

3 Kakis, 1 Becher Naturjoghurt
250 g Quark (40 %)
Rohrohrzucker nach Bedarf

Eine Kaki mit dem Joghurt pürieren. Die beiden anderen kleinwürfeln. Dabei können sie, müssen aber nicht geschält werden. Alle Zutaten miteinander verrühren und mit Rohrzucker abschmecken.

Kirsche, süß und sauer

Süßkirschen schmecken am besten pur. Natürlich gehören sie in der Erntezeit in jeden Obstsalat.
Sauerkirschen werden zu Fruchtaufstrichen verarbeitet oder sind Bestandteil eines Kuchens.

Quark mit Kirschen

250 g Süßkirschen
1 großer Becher Magerquark
1 kleiner Becher Schlagsahne
Zucker nach Bedarf

Die Kirschen entkernen und pürieren. Die Sahne schlagen und unter den Quark rühren. Die Kirschcreme einrühren und nach Geschmack süßen.
Ein guter Ersatz für Erdbeerquark.

Variante:
- Statt frischen Kirschen einen Fruchtsaufstrich mit Sauerkirschen verwenden.

Sauerkirsch-Joghurt

1 EL Sauerkirsch-Fruchtaufstrich
1 Naturjoghurt

Den Fruchtaufstrich einfach in den Joghurt einrühren.

Litschi (Lychee)

Wir hatten schon mehrfach das Glück, zur Litschi-Erntezeit in China gewesen zu sein. Die Schale ist knackig, man kann sie zwischen den Fingern aufknacken, anschließend abziehen und die Frucht mit den Lippen herausholen. Wir hatten schnell die Technik der Chinesen gelernt und haben täglich Unmengen davon genascht. Hier kann man sich eine solche Menge leider nicht leisten. Wir mögen sie am liebsten frisch und pur.

Litschis können Bestandteil eines Obstsalats sein, verwandeln aber auch statt Erdbeeren einen Obstkuchen in ein fernöstliches Gericht. Litschis kann man auch erwärmen, ich finde es aber zu schade, den frischen Geschmack durch Erwärmen zu mindern.

Litschikuchen

Siehe Seite 192

Nektarine

Nektarinen zählen botanisch zur Gattung der Pfirsiche, sind aber eine Kreuzung aus Pfirsich und Pflaume. Sie haben eine glatte Schale und schmecken am besten pur.
Die Nektarine hat eine glattere Haut als der Pfirsich. Viele Allergiker vertragen sie besser als Pfirsiche.
Zu Erntezeit gehören Nektarinen in jeden Obstsalat.

Nektarinen-Muffins

Siehe Seite 196

Pfirsich

Frische Pfirsiche sind so unglaublich saftig und lecker, dass man sie am besten pur isst. Natürlich gehören sie auch in jeden Obstsalat. Besonders fein schmecken sie, wenn man zuvor die Schale abzieht. Die Pfirsichhaut lässt sich leichter abziehen, wenn man die Frucht in einem Schaumlöffel kurz in kochendes Wasser taucht und anschließend in Eiswasser abschreckt.
Empfehlenswert sind auch die sogenannten „wilden“ oder Weinbergpfirsiche. Sie sind flacher als die größeren runden Pfirsiche und schmecken, wenn sie ausgereift sind, noch aromatischer.

Pfirsich-Eiscreme

4 Pfirsiche
200 ml Schlagsahne
50 g Rohrohrzucker

Die Pfirsiche schälen, halbieren, entkernen und klein schneiden. Das Schälen ist manchmal einfacher, wenn man sie zuvor für eine Minute in kochend heißes Wasser taucht.
Die Pfirsiche mit dem Zucker bestreuen, für ein paar Stunden kühl stellen, pürieren und die Sahne hinzufügen. Danach gut verrühren, eventuell noch einmal kurz pürieren und zum Gefrieren in eine Eismaschine einfüllen. Es geht natürlich auch ohne Eismaschine, dafür muss die Creme allerdings beim Gefriervorgang mehrfach umgerührt werden, damit sich keine Kristalle bilden.

Varianten:
- Statt Rohrzucker Agavendicksaft oder Ahornsirup verwenden.
- Statt Schlagsahne Kokoscreme verwenden.
- Mit Zimt würzen.

Pfirsich-Quarkspeise

3 Pfirsiche
1 Tasse Milch
500 g Quark, 40 %
Agavendicksaft oder Honig

Zwei Pfirsiche zusammen mit der Milch pürieren, den dritten Pfirsich schälen, in kleine Würfel schneiden und mit dem Quark verrühren. Nach Bedarf süßen.

Preiselbeere

Preiselbeeren schmecken im rohen Zustand sehr herb und werden deshalb zu einer Konfitüre verarbeitet und zu Wildgerichten oder gebackenem Camembert, zu frischem Ziegenkäse oder Kaiserschmarrn serviert.

Preiselbeer-Konfitüre

1 Teil Preiselbeeren
1 Teil Rohrohrzucker

Die Preisebeeren waschen, mit dem Rohrzucker vermischen und ein paar Stunden kühl stellen. Anschließend wird das Gemisch mindestens 45 Minuten bei geringer Hitze gekocht. Dabei muss häufig umgerührt werden und es darf zwischendurch kein Deckel aufgelegt werden. Die noch heiße Konfitüre in mit kochendem Wasser ausgespülte Gläser füllen und verschließen.
Wer eine besonders feine Konfitüre möchte, kann sie zwischendurch durch ein feines Sieb passieren.

Rosinen, Sultaninen, Weinbeeren und Korinthen

Rosine ist ein Oberbegriff, aber auch eine eigene Sorte. Alle Sorten, egal woher sie kommen und wie sie heißen, sind histaminarm, sofern sie schwefelfrei sind. Sultaninen sind hell und besonders süß, Weinbeeren besonders dunkel und aromatisch und Korinthen sehr klein und kräftig im Geschmack. Sie lassen sich gut bevorraten, sind vitaminreich und schmecken auch als Snack zwischendurch, vor allem in Kombination mit Macadamianüssen. Sie werden in Rosinenbrot und allerlei Kuchen sowie Kleingebäck verwendet.

Rosinenkugeln

8 EL sehr klein gehackte Macadamianüsse
4 EL weiße Rosinen
2 MSP Zimt

Die Macadamianüsse entweder sehr klein hacken, durch eine Knoblauchpresse drücken oder besser mit dem Pürierstab oder in der Küchenmaschine in einen Zustand bringen, der gemahlenen Haselnüssen entspricht. Da Macadamianüsse sehr viel weicher sind als andere Nüsse, geht das recht gut.
Die Rosinen durch eine Knoblauchpresse drücken und mit den restlichen Zutaten vermengen. Das geht am besten mit einem Teigschaber, den man zwischendurch mit einem Messer von der klebrigen Masse befreit. Gegebenenfalls noch etwas Macadamia hinzufügen. Die Kugeln können dann mit den Händen geformt werden. Eine leckere Nascherei für jede Jahreszeit.

Varianten:
- Wer gemahlene Mandeln verträgt, sollte das Rezept damit versuchen. Sie schmecken ebenso gut und sind weniger fetthaltig.
- Nach Bedarf etwas Zuckerrübensirup hinzufügen.

Rosinenplätzchen

Siehe Seite 197

Sanddorn

Sanddorn wächst in den Dünen am Meer. Wer die Sträucher sehen und alle Rezeptvarianten kennenlernen möchte, sollte an die Ostsee, vor allem nach Rügen reisen. Pur schmeckt er schrecklich sauer, muss also in irgendeiner Form zubereitet werden. Sanddorn enthält sehr viel Vitamin C.
Sanddorn ist vor allem als Fruchtaufstrich geeignet und gilt als die Zitrone des Nordens.

Weintrauben

In der Erntezeit sind Weintrauben köstlich. Es lohnt sich etwas mehr für den biologischen Anbau auszugeben. Sie schmecken pur oder auch in Salaten, sowohl grünem als auch Obstsalaten. Weintrauben gehören auf jede gute Käseplatte, wenn diese als Nachtisch gereicht wird. Wer die Kerne nicht mag, bekommt auch kernlose Züchtungen.
Getrocknet werden sie zu Weinbeeren oder Rosinen (siehe vorhergehende Seite).

Weintrauben-Joghurt

1 Naturjoghurt
½ Tasse Weintrauben

Die Weintrauben gegebenenfalls entkernen und mit dem Joghurt pürieren. Das schmeckt fruchtig, ist lecker und geht schnell.

Quark mit Weintrauben

1 Becher Schlagsahne
250 g Magerquark
100 g Mascarpone
250 g weiße Weintrauben
Zucker nach Geschmack

Die Sahne schlagen und mit dem Quark und dem Mascarpone verrühren. Die Weintrauben halbieren, gegebenenfalls von den Kernen befreien und unterrühren. Nach Bedarf süßen.

Varianten:
- Einen Teil oder alle entkernten Weintrauben pürieren. Je nach Püriergerät, kann eine kleine Menge Quark dafür nötig sein.
- Mit Zuckerrübensirup süßen.

Zuckermelonen, Honigmelonen

Jede Zuckermelonensorte ist erlaubt. Nur Wassermelonen sind leicht histaminhaltig.
Die Melone gehört zu den Kürbisgewächsen und ist deshalb eigentlich ein Gemüse, denn sie ist eine einjährige Pflanze. Melonen benötigen viel Wärme, sind zuckersüß, vertragen keinen Frost und werden deshalb vor allem in tropischen und subtropischen Gebieten angebaut. Europäische Melonen stammen zum Beispiel aus Südfrankreich, Spanien und Israel, andere werden in Italien und in den USA angebaut. Aufgrund des Klimawechsels wachsen inzwischen auch in Deutschland in begünstigten Regionen Zuckermelonen.
Die natürlichste Form des Verzehrs ist, sie zu halbieren, zu entkernen und auszulöffeln.
Selbstverständlich können sie auch in jede beliebige Form geschnitten werden. Die Schale kann nicht verzehrt werden.
Besonders erfrischend sind sie, wenn sie direkt vor dem Verzehr aus dem Kühlschrank genommen werden.
Sie schmecken in jedem Obstsalat, zu Quark oder Joghurt. Für Quark und Joghurt kann das leckere Fruchtfleisch auch püriert werden.
Bitte keine angeschnittenen Zuckermelonen kaufen, denn sie reifen dann noch schnell nach und werden histaminhaltig.

Melonen-Lassi

¼ oder ½ Zuckermelone
1 Naturjoghurt

Die Melone schälen, in Stücke schneiden und zusammen mit dem Joghurt pürieren. Das Mengenverhältnis richtet sich nach dem Geschmack und der Verträglichkeit von Joghurt.

Variante:

- Wer etwas Bourbon-Vanille verträgt, kann eine kleine Menge hinzufügen.

Backrezepte

Backtipps

Tipps für Backanfänger

Wer noch nie gebacken hat, traut sich oft nicht, Brot, Kuchen und Pizza aus Einzelzutaten zu backen. Bei einer Histaminintoleranz ist es aber sinnvoll, die Zutaten selbst zusammen zu stellen, insbesondere für empfindliche Menschen, die mit Weizen ein Problem haben. Fast alle Roggenbrote und -brötchen enthalten einen Weizenanteil.

Beim Backen sind Wissen, Erfahrung und Gefühl für den Teig gefragt, nicht so sehr die genaue Grammzahl. Backen Sie mit Herz, dann funktioniert es auch. Und wenn der erste Versuch noch nicht gelingt, bitte nicht aufgeben. Gerade das Backen mit Dinkelmehl ist einfach, denn der Klebeanteil in Dinkel ist sehr hoch, was den Teig gegenüber Flüssigkeitsgehalt unempfindlich macht. Ein glutenfreies Reisbrot muss dagegen genauer ausgewogen werden.

Mehl, Zucker und Flüssigkeiten muss man nicht aufs Gramm genau abwiegen, dabei hilft es, nicht mit einer Waage abzumessen, sondern mit einem Messbecher, den es in Haushaltswarengeschäften zu kaufen gibt.

Die Butter nicht wiegen, sondern schätzen. Einige Hersteller haben sogar Gramm-Markierungen auf der Verpackung.

Kuchenteig kann man abschmecken, um den Zuckergehalt zu überprüfen. Das geht deutlich besser, wenn man das Backpulver erst danach unterrührt.

Ganz wichtig ist es, den Teig anzuschauen und im wahrsten Sinne des Worts zu begreifen:

- Den **Quarkölteig** mit einem Knethaken verrühren. Er formt sich zu einem Klumpen, der sich ganz leicht vom Schüsselrand löst. Er hat eine leicht gummiartige Konsistenz und kann ohne Mehl, in den Händen oder auf der Arbeitsplatte, verarbeitet werden, denn er ist fetthaltig. Er lässt sich leichter formen als ein Hefeteig.

- **Brotteig mit Backpulver** ist wie ein fester Rührteig, der mit dem Knethaken gerührt wird und sich nur teilweise vom Schüsselrand löst. Ein Nachkneten ist nicht notwendig.
- **Mürbeteig** ist ein fester Teig, der nicht so geschmeidig ist wie ein Quarkölteig, sich aber auch vom Schüsselrand löst. Er wird mit den Knethaken verarbeitet und kann ohne Mehl nachgeformt werden. Er kann ohne Probleme mit den Händen in einer Backform verteilt werden.
- **Kuchenteig mit Backpulver (Rührteig)** löst sich nicht vom Schüsselrand und ist nicht so fest wie Brotteig. Er wird mit dem Rührhaken oder -besen hergestellt. Zum Einkneten oder Ausrollen per Hand oder mit dem Nudelholz ist etwas Mehl nötig.
- **Brotteig mit Hefe** wird mit dem Knethaken hergestellt, hat eine feste Konsistenz und löst sich vom Schüsselrand. In der Küchenmaschine oder in der Schüssel formt er sich zu einer Kugel, die etwas höher als breit ist. Beim nachkneten ist etwas Mehl notwendig.
- **Hefeteig für Kuchen** ist durch das enthaltene Fett etwas geschmeidiger und schlägt Blasen, sobald er fertig gerührt ist. Beim Nachkneten mit der Hand ist etwas Mehl notwendig.
- **Nudelteig** wird mit dem Knethaken hergestellt, ist sehr fest und kann mit etwas Mehl dünn ausgerollt werden. Insbesondere Dinkelmehl, Type 630, ist dafür geeignet.

Brote

Sauerteigbrote und Brote mit Hefe sind histaminhaltig. Reduziert man die Hefe im Brot auf ein Minimum, wird es von vielen Betroffenen vertragen.
Quarkölteig-Brote und Brote mit Weinsteinbackpulver sind auf jeden Fall gut verträglich, wenn sie weizenfrei sind.
Brote sollten vorzugsweise zuerst in dem auf hohe Temperatur (180–200 °C Heißluft) vorgeheizten Backofen gebacken werden. Schon beim Einschieben kann dann die Temperatur reduziert werden auf ca. 160–180 °C. Wer möchte, kann in der ersten Backzeit eine kleine Schale mit Wasser in den Ofen stellen, dann wird die Kruste noch besser. Alternativ kann das Brot kurz von dem Backende mit einem Wassersprüher befeuchtet werden. Aber auch ohne diesen Aufwand ist selbst gebackenes Brot eine echte Delikatesse, die man bald nicht mehr missen möchte und bestimmt besser verträgt als gekauftes mit all den unbekannten Zutaten. Dazu kommt, dass die meisten Brote einen Weizenanteil enthalten.

Je nach Backofen, können die angegebene Temperatur und die Backzeit geringfügig abweichen.
Um Energie zu sparen, backe ich auf Vorrat drei Brote gleichzeitig und muss dafür den Herd nur einmal anheizen. Ein Brot wird gleich gegessen, zwei werden eingefroren.
Ich staune immer wieder, wie viele Menschen mir erzählen, dass sie aufwendige Torten backen können, sich aber nicht trauen, Brot zu backen. Dabei ist das viel einfacher. Versuchen Sie es einfach mal. Zur Motivation beginnen Sie mit einem Quarkölteig-Rosinenbrötchen (Seite 195), dabei kann eigentlich nichts schiefgehen und es schmeckt besonders lecker.

Mehlauswahl

Alle Mehle in den Rezepten sind austauschbar. Brote aus reinem Roggenmehl benötigen eine Backform, denn sie werden sonst sehr flach.
Kuchen schmecken am besten mit feinem Dinkelmehl und Brote mit Dinkelvollkornmehl oder einer Mischung aus Roggen und Dinkelvollkornmehl.
Probieren Sie aus, welches Mehl für Sie am verträglichsten ist, und benutzen Sie das dann für alle im Buch beschriebenen Rezepte.
Mehle haben eine Typenbezeichnung. Bei Dinkel liest man oft Type 630 (bei Weizen Type 405). Je höher diese Zahl ist, desto weniger stark ausgemahlen und gröber ist das Mehl und desto mehr Mineralien sind enthalten. Für Kuchen und Gebäck verwendet man eher feines und für Brote gröberes Mehl. Wer eine Getreidemühle hat, sollte das Mehl direkt vor dem Backen mahlen. So bleiben die gesunden Inhaltsstoffe besonders gut enthalten.
Nicht alle Mühlen schaffen es allerdings, das Mehl so fein zu mahlen, wie es das 630er Dinkelmehl ist, das sich hervorragend für Kuchen und Gebäck eignet.
Dinkel bekommt man heute überall für Brote auch weniger fein ausgemahlen. Natürlich kann man auch Brot mit 630er Dinkelmehl backen, es wird dann lockerer und entspricht etwa einem Toastbrot.
Ein reines Dinkelbrot schmeckt frisch sehr lecker, allerdings trocknet es schneller aus als Weizenbrot.
Alle anderen weizenfreien Mehle sind natürlich ebenso geeignet. Brote sind vor allem sehr schmackhaft, wenn man verschiedene Getreide mischt. Ich mache das schon in der Getreidemühle.

Backpulver

Besonders verträglich ist Weinsteinbackpulver. Die Verarbeitung ist unkompliziert, denn es wird einfach unter das Mehl gemischt. Der Teig kann direkt nach dem Anrühren gebacken werden. Weinsteinbackpulver ist lange haltbar und in Portionstütchen für jeweils etwa 500 Gramm Mehl abgefüllt. Wenn das Mehl etwas grober als Type 630 gemahlen wurde, sollte man die Mehlmenge auf etwa 400 Gramm pro Tütchen Packpulver reduzieren.
Damit das Brot weniger krümelig wird, je 100 Gramm Mehl eine Messerspitze Guarkernmehl (Verdickungsmittel) hinzufügen.

Quarkölteig

Dieser Teig ist ganz einfach und schnell herzustellen. Er kann einen Hefeteig ersetzen. Vor allem für süße Brötchen und Kuchen ist er eine sehr gute Alternative. Aber auch Brote lassen sich damit backen. Er wird mit dem Knethaken verarbeitet und muss vor dem Backen nicht aufgehen. Eine zehnminütige Ruhezeit ist sinnvoll aber nicht notwendig.
Eine Faustregel ist: Ein Teil Quark und zwei Teile Mehl.
Ich verrühre mit dem Knethaken zuerst Quark, Öl, Zucker und Salz und füge dann das Mehl und das Weinsteinbackpulver hinzu. Nach einer kurzen Zeit löst sich der Teig vom Schüsselrand und ist fertig für die Weiterverarbeitung, zum Beispiel für süße Brötchen oder als Grundlage für einen Obstkuchen. Für Brote oder Brötchen muss man nur die Milch durch Wasser ersetzen und den Zucker weglassen. Der Teig darf nicht zu lange geknetet werden, denn dann klebt er am Schüsselrand. Gibt man für einen Rettungsversuch Mehl dazu, wird er bröselig.
Für einen kleinen Quarkölteig (250 g Quark) lohnt es sich kaum, die Küchenmaschine oder den Handmixer zu bemühen, denn das Herstellen des Teigs geht auch einfach und schnell mit einem Teigschaber und per Hand.

Backhefe (Hefe / Bäckerhefe / Gest / Germ)

Sofern Sie nicht ganz so empfindlich sind und etwas Hefe vertragen, verwenden Sie frische Hefe, denn sie ist preiswerter und für Brote besser geeignet als die Trockenhefe aus dem Supermarkt. Gute und geeignete Trockenhefe für Brot bekommen Sie aber im Reformhaus und im Naturkostladen.

Die Hefemenge kann deutlich reduziert werden, wenn der Teig viele Stunden zum Aufgehen Zeit hat. Das Brot enthält dann sehr wenig Hefe und ist deshalb besser verträglich. Probieren Sie es aus.
Frischhefe hält etwa 14 Tage im Kühlschrank und Trockenhefe einige Monate im Küchenschrank. Solange die frische Hefe gut riecht, sich leicht zerbröseln lässt, nicht schimmelt und eine dunkelbeige Farbe hat, ist sie in Ordnung. Restmengen wickle ich sorgfältig in ein kleines Stück Küchenfolie ein.

Hefeteig gelingt immer

Es gibt viele „Märchen" rund um das Zubereiten von Hefeteig.

- Nicht wahr ist, dass der Teig Wärme benötigt. Hefeteig geht auch bei Kälte auf, es dauert nur länger, was aber dem Geschmack eher gut tut. Mancher Hefeteig gelingt nicht, weil die Hefe zu warm angesetzt wird.
- Es stimmt nicht, dass keiner die Küche betreten darf, nur weil dort ein Hefeteig aufgeht. Türen knallen darf man ebenfalls. So schnell bringt man keinen Hefeteig dazu einzufallen. Und sollte es passieren, ist das nicht schlimm, er geht erneut auf.
- Hefeteig benötigt keinen Zucker oder Honig, um aufzugehen, es geht damit nur etwas schneller.
- Der Teig muss nicht eine ganz bestimmte Zeit ruhen. Je kälter, desto länger braucht er. Es macht aber auch nichts, wenn er zu lange aufgeht. Er fällt dann wieder etwas ein, was aber am Geschmack nichts ändert.
- Das Salz soll man angeblich nicht direkt in den Vorteig oder zur Hefe geben, denn dann würde diese nicht aufgehen. Ich habe das noch nie nachgeprüft und gebe es einfach dem Mehl zu.
- Früher wurde das Mehl wie ein Vulkanberg auf eine Arbeitsplatte gehäuft. Die Hefe, aufgelöst in etwas Milch oder Wasser, kam dann in die Kuhle. Mit einem Holzlöffel wurde beim anschließenden Umrühren der aufgelösten Hefe, immer etwas mehr Mehl eingerührt. Viele haben dieses Bild noch vor den Augen und meinen, es sei wichtig und genau diese Zubereitung, gegebenenfalls in einer Schüssel, mache einen guten Hefeteig aus.
  Mit den heutigen Küchenmaschinen oder einem Handmixer geht das viel einfacher.

Zubereitung des Hefeteigs

Die Trockenhefe kann einfach mit dem Mehl vermischt werden. Die Frischhefe in etwas Wasser bröseln und verrühren, sie löst sich dann schnell auf.
Wer möchte, kann einen Löffel Mehl hinzufügen und diesen Vorteig 15 bis 30 Minuten ruhen lassen. Das ist aber nicht unbedingt nötig. Wenn Sie testen wollen, ob Ihre Frischhefe noch treibt, ist ein solcher Vorteig sinnvoll, denn ist die Hefe zu alt, geht der Vorteig nicht auf.
Wenn Sie also die Frischhefe aufgelöst haben, können Sie schon alle anderen Zutaten einfügen und mit den Knethaken Ihres Mixers oder Küchengerätes zu einem Teig kneten. Ich nehme immer zuerst etwas weniger Wasser und ergänze es bei Bedarf. Der Teig muss sich vom Schüsselrand lösen. Das ist meistens nach etwa fünf Minuten der Fall.
Die Schüssel sollte deutlich mehr Platz haben, als der Teig jetzt groß ist. Die Schüssel mit einem Tuch abdecken. Ich befeuchte dieses, damit die Teigoberfläche nicht austrocknet. Alternativ können Sie den Teig mit einer Küchenfolie, die Sie zuvor kurz mit Wasser abspülen, abdecken.
Wenn der Hefeteig etwa die doppelte Größe erreicht hat, wird er erneut geknetet und kann gebacken werden. Am besten geht dieses Kneten mit bemehlten Händen.

Hefeteig zwölf Stunden ruhen lassen.

Eine praktische Methode für Berufstätige: Man kann den Teig am Vorabend oder morgens vor der Arbeit herstellen und nach der Arbeit backen.
Für etwa ein Kilogramm Mehl wird dabei nur ein Viertel Stück Frischhefe verwendet.
Der sollte dann 10 bis 15 Stunden Zeit zum Aufgehen haben. Das kann in der Küche, oder – insbesondere im Sommer – im Kühlschrank sein.
Danach den Teig herausnehmen, verkneten, etwas ruhen lassen und wie üblich in einer Kastenform oder freigeschoben backen.

Essig im Brot

Jedes Brot mit Backhefe bekommt einen besseren Geschmack durch eine kleine Essigmenge. Ein Teelöffel reicht schon. Mehr als ein Esslöffel auf 500 g Mehl sollte es nicht sein. Der Essig nimmt den Hefegeschmack.
Geeignete Essige sind Apfelessig und Branntweinessig.

Backformen oder freigeschobenes Brot

Das Einfachste ist, wenn man den Teig in einer Kastenform (ca. 30 cm für 800 bis 1000 Gramm Mehl) backt. Trotz Beschichtung bleibt das Brot darin kleben, zumal diese Form nicht gefettet wird. Ich lege einfach den Teig auf das Backpapier, manövriere das Ganze in den Kasten, besprühe den Teig mit etwas Wasser und lasse ihn nochmals etwa 30 Minuten ruhen.
Kurz bevor das Brot fertig ist, kippe ich es vorsichtig heraus, befreie es vom Papier – was sehr einfach geht – und backe es zu Ende. Es bekommt dann eine wunderbare Kruste. Das Backpapier kann man mehrfach verwenden.
Quarkölteig- und Hefebrote können auch „freigeschoben" gebacken werden. Dafür wird das Brot geformt, also zu einem Laib geschoben, und gebacken. Roggenbrot wird auf diese Weise etwas flacher. Toastbrot lässt sich besser im Kasten backen, denn der Teig ist nicht ganz so fest.

Backzeiten

Ich habe in den Rezepten keine genauen Backzeiten angegebenen, denn sie variieren je nach Größe der Kastenform. Wenn nur eine Person von dem Brot isst, kann man mehrere kleine Brote gleichzeitig auf einem Blech backen, was – auf Grund der Brotgröße – die Backzeit verkürzt.
Grundsätzlich sollte man den Backofen zunächst möglichst hoch einstellen, z. B. mindestens 180 °C Heißluft, und wenn diese Temperatur erreicht ist, auf 160 °C reduzieren und das Brot einschieben.
Alternativ den Herd auf mindestens 200 °C ohne Heißluft und später 180 °C einstellen.
Den ersten Klopftest (s. u.) nach etwa 50 Minuten machen. Zu diesem Zeitpunkt kann man auch das Brot aus der Kastenform nehmen und ohne diese weiterbacken. Die Gesamtbackzeit beträgt meistens zwischen 60 und 80 Minuten.
Sollte sich nach dem Backen herausstellen, dass die Backzeit zu kurz war, kann das Brot einfach noch einmal im Backofen gebacken werden, auch wenn es kalt und angeschnitten ist.

Klopftest

Um festzustellen, ob ein Brot tatsächlich fertig gebacken ist, wird es aus dem Ofen herausgenommen – was am besten mit einem großen Topflappen geht – und von unten mit dem Zeigefingerknöchel beklopft. Klingt es hohl, ist das Brot ausgebacken. Diesen Klang lernt man sehr schnell zu erkennen. Das gilt für Quarkölteig-Brot, Backpulverbrot und Hefebrot.

Brot einfrieren

Brot lässt sich sehr gut einfrieren. Die Meinungen, ob man dies in Scheiben oder am Stück macht, gehen sehr auseinander. Wir bevorzugen das Einfrieren in ganzen Stücken, dafür schneide ich das Brot aber in Zweitages-Portionen, die ich in eine große Tüte fülle, die mit einer Wäscheklammer verschlossen wird. Daraus lässt sich der jeweilige Bedarf gut entnehmen.
Wer das Brot in Scheiben schneidet, sollte ein kleines Stück Backpapier dazwischen legen, damit man die Scheiben auch einzeln entnehmen kann.
Das Brot muss direkt nach dem Erkalten eingefroren werden.

Rezepte für Brote und Brötchen

Quark-Öl-Dinkelbrot

500 g Magerquark (20 %)
14 EL Rapsöl
20 EL Wasser
1000 g Dinkel-Vollkornmehl
2 Päckchen Weinsteinbackpulver
1 TL gehäufter Salz

Den Quark mit den Flüssigkeiten verrühren, die restlichen Zutaten hinzufügen und zu einem Teig kneten. Den Teig, auf ein Backpapier legen, in die Kastenform heben, dort verteilen und etwa 10 Minuten ruhen lassen. Während der Ruhezeit, den Backofen auf 180 °C Heißluft vorheizen, die Kastenform hineinstellen, den Ofen auf 160 °C runterstellen und etwa 70 Minuten backen.

Quark-Öl-Brot mit Dinkelflocken

500 g Magerquark (20 %)
150 ml Rapsöl
200 ml Wasser
400 g Roggen-Vollkornmehl
500 g Dinkelvollkornmehl
100 g Dinkelflocken
2 Päckchen Weinsteinbackpulver
1 TL gehäufter Salz

Den Quark mit den Flüssigkeiten verrühren, die restlichen Zutaten hinzufügen und zu einem Teig kneten. Den Teig, auf Backpapier legen, in die Kastenform heben, dort verteilen und etwa 10 Minuten ruhen lassen. Während der Ruhezeit den Backofen auf 180 °C Heißluft vorheizen, die Kastenform hineinstellen, auf 160 °C reduzieren und etwa 70 Minuten backen.

Quark-Öl-Dinkelbrötchen

250 g Magerquark (20 %)
7 EL Rapsöl
10 EL Wasser
500 g Dinkel-Vollkornmehl
1 Päckchen Weinsteinbackpulver
2 TL Salz

Den Quark mit den Flüssigkeiten verrühren, die restlichen Zutaten hinzufügen und zu einem Teig kneten. Den Teig zu einer dicken Rolle formen und etwa zehn Minuten ruhen lassen.
Während der Ruhezeit, den Backofen auf 180 °C Heißluft vorheizen.
Die Rolle in acht bis neun Stücke schneiden, diese einzeln zu Kugeln formen, auf einem Backblech verteilen, die Backtemperatur auf 160 °C reduzieren und etwa 30 Minuten backen.

Joghurt-Brötchen

125 g Naturjoghurt, 2 Prisen Salz
4 EL Rapsöl, 4 EL Wasser
250 g Dinkelvollkornmehl
1 gestrichener TL Weinsteinbackpulver

Den Joghurt mit dem Salz, den Flüssigkeiten und dem Zucker verrühren. Das Mehl und das Backpulver unterrühren, den Teig zu einer Rolle formen und zehn Minuten ruhen lassen. Den Backofen inzwischen vorheizen, die Rolle in vier Stücke schneiden, vier Kugeln formen und bei 160 °C Heißluft etwa 30 Minuten backen.

Dinkelbrot mit Hefe

¼ Würfel Frischhefe, etwa 850 ml Wasser
1000 g Dinkelvollkornmehl, 1 EL Salz

Die Hefe im Wasser auflösen, alle anderen Zutaten hinzufügen und mit dem Knethaken zu einem Teig kneten, der ein paar Stunden ruhen muss.
Das Brot kann freigeschoben oder in einer Kastenform gebacken werden.
Den Backofen auf 180 °C Heißluft vorheizen, die Kastenform hineinstellen, die Backtemperatur auf 160 °C reduzieren und etwa 70 Minuten backen.

Varianten:
- Verschiedene Mehle mischen.
- 2 EL Apfelessig hinzufügen

Macadamia-Brot

¼ Würfel Frischhefe, etwa 850 ml Wasser
1000 g Dinkelvollkornmehl
1 EL Salz, 100 g Macadamiasplitter

Die Hefe im Wasser auflösen, Mehl und Salz hinzufügen und mit dem Knethaken zu einem Teig kneten, der ein paar Stunden ruhen sollte.
Die Macadamianüsse grob hacken. Dreiviertel der Nusssplitter in einer Pfanne ohne Fett rösten und vor dem Backen des Brots unterkneten. Den Teig zu einer

ovalen Kugel formen, in den restlichen, nicht gerösteten Macadamianüssen wälzen und freigeschoben oder in einer Kastenform backen.
Dafür den Backofen auf 180 °C Heißluft vorheizen, die Kastenform hineinstellen, die Backtemperatur auf 160 °C reduzieren und etwa 70 Minuten backen.

Varianten:

- 2 EL Apfelessig hinzufügen.
- Eine kleine Menge Kümmel hinzufügen.

Kartoffelbrot

⅛ Würfel Frischhefe
etwa 400 ml Wasser
1 Kartoffel
1 EL Apfelessig
500 g Dinkelvollkornmehl, 1 TL Salz

Die Hefe in etwas Wasser auflösen, die rohe Kartoffel schälen, reiben und einrühren und danach Mehl, Salz, Restwasser und Essig abwechselnd hinzufügen und mit dem Knethaken zu einem Teig kneten, der ein paar Stunden ruhen sollte.
Das Brot freigeschoben oder in einer Kastenform backen.
Dafür den Backofen auf 180 °C Heißluft vorheizen, das Brot hineingeben, die Backtemperatur auf 160 °C reduzieren und etwa 70 Minuten backen.

Varianten:

- Die Kartoffelmenge darf bis zu einem Viertel der Mehlmenge ausmachen.
- Mit etwas gehackten Macadamianüssen anreichern.

Joghurtbrot-Hefebrot

⅛ Würfel Frischhefe
320 ml Wasser
1 Becher (125 g) Naturjoghurt
500 g Dinkelvollkornmehl, 1 TL Salz

Die Hefe im Wasser auflösen. Joghurt unterrühren. Danach Mehl und Salz hinzufügen und mit dem Knethaken zu einem Teig kneten, der ein paar Stunden ruhen muss.

Den Backofen auf 180 °C Heißluft vorheizen, die Kastenform hineinstellen, die Backtemperatur auf 160 °C reduzieren und etwa 70 Minuten backen.

Varianten:

- In einigen Gebieten der Türkei wird aus diesem Teig Fladenbrot gebacken. Die kleinen schwarzen Körner darauf sind Schwarzkümmelsamen.
- Alternativ kann man die Brote vor dem Backen mit kleingehackten Macadamianüssen bestreuen.

Toastbrot

¼ Würfel Frischhefe
knapp 450 ml Wasser
500 g Dinkelmehl Type 630
1 TL Salz

Die Hefe im Wasser auflösen, Mehl und Salz hinzufügen und mit dem Knethaken zu einem Teig kneten, der eine Stunde ruhen sollte. Der Teig geht stärker auf, das Brot wird lockerer und muss in einer Kastenform gebacken werden.
Den Backofen auf 180 °C Heißluft vorheizen, die Kastenform hineinstellen, die Backtemperatur auf 160 °C reduzieren und etwa 60 Minuten backen.

Variante:

- Das Brot wird beim Toasten etwas schneller dunkel, wenn dem Teig 1 TL Zucker beigemischt wurde.

Brötchen

¼ Würfel Frischhefe
etwa 400 ml Wasser
1 Kartoffel
500 g Dinkelmehl Type 630
1 TL Salz

Die Hefe im Wasser auflösen. Die rohe Kartoffel schälen, reiben und einrühren. Danach Mehl und Salz hinzufügen und mit dem Knethaken zu einem Teig kneten, der ein paar Stunden ruhen muss. Acht Kugeln daraus formen und auf einem Backblech, belegt mit Backpapier, bei 160 °C Heißluft etwa 30 Minuten backen.

Varianten:

- Die Kartoffel durch mehr Wasser ersetzen.
- Ein paar gehackte Macadamianüsse in den Teig geben und außerdem die Teiglinge darin wälzen.

Pizzabrötchen

¼ Würfel Frischhefe
etwa 450 ml Wasser
500 g Dinkelmehl Type 630
1 TL Salz
Paste:
4–6 EL Rapsöl
1 TL Oregano
1 TL Paprika, edelsüß
1 Prise Salz

Die Hefe im Wasser auflösen, Mehl und Salz hinzufügen und mit dem Knethaken daraus einen Teig kneten, der ein paar Stunden ruhen muss.
Aus dem Teig walnussgroße Bällchen formen, auf ein mit Backpapier belegtes Backblech legen und zehn Minuten bei 160 °C backen.
Inzwischen Oregano zwischen den Fingern oder Handflächen zerreiben und dann das Öl mit den Gewürzen vermischen. Mit dieser Paste werden die fast fertigen kleinen Brötchen eingepinselt und noch weitere fünf Minuten gebacken. Bei diesem zweiten Backvorgang darauf achten, dass das Paprikapulver nicht schwarz wird, denn dann wäre diese Köstlichkeit verdorben.
Die Brötchen schmecken grandios zu einem frischen Salat oder zu Paprika-Antipasto (Seite 124).

Varianten:

- Vor dem Backen in gehackte Macadamiannüsse drücken.
- Eine rohe Kartoffel schälen, reiben und in den Teig rühren. Entsprechend weniger Wasser dazu geben.
- Einen Teil des Wassers durch Naturjoghurt ersetzen.
- Pizzabrötchen mit Backpulver, Seite 179

Brot mit Weinsteinbackpulver

1000 g Dinkelvollkornmehl
2 Päckchen Weinsteinbackpulver
1 EL Salz
600 ml Wasser

Die trockenen Zutaten vermischen, das Wasser hinzufügen und mit einem Knethaken verrühren.
Den Teig auf Backpapier legen, in eine Kastenform füllen und mit einem Teigschaber die Oberfläche glätten.
Den Backofen auf 180 °C Heißluft vorheizen, die Kastenform hineinstellen, die Backtemperatur auf 160 °C reduzieren und etwa 70 Minuten backen.

Dinkelflockenbrot mit Weinsteinbackpulver

600 g Dinkelvollkornmehl
300 g Roggenvollkornmehl
100 g Dinkelflocken
2 Päckchen Weinsteinbackpulver
1 EL Salz
600 ml Wasser

Die trockenen Zutaten mischen, das Wasser hinzufügen und mit einem Knethaken verrühren.
Den Teig auf Backpapier legen, in eine Kastenform füllen und mit einem Teigschaber die Oberfläche glätten.
Den Backofen auf 180 °C Heißluft vorheizen, die Kastenform hineinstellen, die Backtemperatur auf 160 °C reduzieren und etwa 70 Minuten backen.

Brot mit Macadamianüssen und Weinsteinbackpulver

Etwa 20 Macadamianüsse
700 g Dinkelvollkornmehl
300 g Roggenvollkornmehl
2 Päckchen Weinsteinbackpulver
1 EL Salz
600 ml Wasser

Die Macadamianüsse durch eine Knoblauchpresse drücken, mit den Mehlen und dem Weinsteinbackpulver vermischen und das Wasser hinzufügen. Mit einem Knethaken einen Teig kneten und diesen auf Backpapier legen, in eine Kastenform füllen und mit einem Teigschaber die Oberfläche glätten.
Den Backofen auf 180 °C Heißluft vorheizen, die Kastenform hineinstellen, die Backtemperatur auf 160 °C reduzieren und etwa 70 Minuten backen.

Pizzabrötchen mit Backpulver

500 g Dinkelmehl Type 630
1 Päckchen Weinsteinbackpulver
1 EL Salz
300 ml Wasser
Paste:
etwa 5 EL Rapsöl
1 TL Paprika, edelsüß
1 TL Oregano, zerrieben

Die trockenen Zutaten mischen, das Wasser hinzufügen und mit einem Knethaken verrühren.
Auf ein mit Backpapier ausgelegtes Backblech mit Hilfe von zwei Esslöffeln kleine Haufen legen und zunächst zehn Minuten bei 160 °C Heißluft backen.
Die Zutaten für die Paste in einer Tasse verrühren, mit einem Pinsel auf die fast fertigen Brötchen streichen und weitere fünf Minuten backen. Dabei aufpassen, dass der Belag nicht anbrennt.

Reisbrot

1 Würfel Frischhefe
300 ml Wasser
500 g Vollkorn-Reismehl, selbst gemahlen
7 g Guarkernmehl (Verdickungsmittel)
1 EL Salz
1 EL Branntweinessig

Die Hefe in etwas Wasser auflösen, die trockenen Zutaten vermengen und mit dem Knethaken verrühren, dabei das restliche Wasser und den Essig hinzufügen.

Bitte umblättern.

Den Teig gut abdecken, etwa zwölf Stunden ruhen lassen, auf Backpapier in eine Kastenform füllen. Mit einem Teigschaber glatt streichen und bei 160 °C Heißluft etwa 70 bis 80 Minuten backen.
Der Teig ist klebrig, ähnlich einem festen Rührteig, und kann nicht mit den Händen verarbeitet werden. Falls es doch notwendig ist, die Hände nicht bemehlen, sondern mit Öl oder Wasser befeuchten.

Paniermehl

Wenn Sie einmal ein Dinkelbrötchen übrig haben, legen Sie es auf den Heizkörper oder einen anderen luftigen und warmen Ort, damit es ohne zu schimmeln trocknen kann. Mit Hilfe einer Küchenreibe können Sie daraus Paniermehl herstellen. Dieses bewahren Sie am besten in einem Glas auf.
Es ist gut geeignet zum Panieren und um Frikadellen herzustellen. In beiden Fällen nur Eigelb oder Wachteleier verwenden.

Panieren

Eigelb
etwas Milch
Dinkel-Paniermehl
Salz
Fleisch, Fisch oder Gemüse, z. B. Sellerieknolle

Das Eigelb und etwas Milch in einem Teller mit einer Gabel kurz aufschlagen. In einen weiteren Teller gesalzenes Paniermehl geben.
Das Paniergut im Ei und anschließend im Paniermehl wälzen. Danach in viel heißem Fett, beispielsweise Kokosöl, braten.

Panieren ohne Ei

Anstelle von Ei kann auch Milch, Dosenmilch, Naturjoghurt oder Sahne verwendet werden. Das Paniermehl klebt fast genauso gut daran wie mit Ei. Sogar Wasser kann dafür verwendet werden.

Brotbelag

Käse

Jeder Frischkäse ist verträglich, er muss allerdings auch wirklich frisch sein. Frischer Käse hat weniger Aroma als gereifter. Echte Käseliebhaber werden für diesen kräftigen Geschmack eine Alternative suchen, die es zugegebenermaßen nicht wirklich gibt. Käse gewinnt aber an Geschmack, wenn er gebacken wird.
Versuchen Sie auch Schafs- oder Ziegenkäse, er schmeckt weniger nach Schaf beziehungsweise Ziege, als Sie möglicherweise glauben.
Fetakäse, sofern er vertragen wird, ist deutlich aromatischer, vor allem, wenn er in einer Pfanne oder im Backofen gebraten wird.

Käsebrot, überbacken

Junger Gouda oder Butterkäse
Brot

Den Käse auf eine getoastete Brotscheibe legen und im Backofen, obere Schiene, unter dem Grill überbacken. Das geht schnell und schmeckt lecker.

Brot mit heißem Feta

Fetakäse
Frischkäse
Brot

Den Fetakäse ohne Öl in einer Pfanne braten und heiß auf einer mit Frischkäse bestrichenen Brotscheibe verteilen. Das Brot eventuell zuvor toasten.

Gurke und Co.

Rohes Gemüse – z. B. Paprika, Radieschen, Rettich, Stangengurke oder Staudensellerie – schmeckt ausgezeichnet auf Frischkäse. Ein Pesto aus Bärlauch schmeckt nach Knoblauch und leicht scharf.
Paprikamark, pur und dünn auf einem Frischkäse, ist eine Delikatesse.

Fruchtiges

Im Bioladen oder Reformhaus gibt es Fruchtaufstriche, deren Fruchtgehalt deutlich über 50 % liegt. Sie schmecken auf Butter oder auf Frischkäse. Sie müssen nach dem Öffnen kühl gelagert und bald verzehrt werden.
Natürlich sind auch Konfitüren geeignet.
Gelees werden aus Saft hergestellt. Besonders bekannt ist Apfelgelee.
Marmelade darf offiziell nur noch aus Zitrusfrüchten hergestellt werden. Umgangssprachlich werden aber viele Aufstriche aus Früchten als Marmelade bezeichnet.
Achten Sie beim Kauf konventionell zubereiteter Aufstriche genau auf die Angabe der Zusatzstoffe. Fruchtaufstriche aus kontrolliert biologischem Anbau sind meistens verträglicher und schmackhafter.

Frischer Beerenaufstrich

Beeren
Rohrohrzucker

Die Beeren mit dem Zucker pürieren und frisch aufs Brot streichen. Das Verhältnis Frucht zu Zucker richtet sich nach der Süße der Frucht und dem persönlichen Geschmack.

Varianten:
- Statt Rohrzucker Agavendicksaft oder Ahornsirup verwenden.
- Dunkle, weiche Datteln durch eine Knoblauchpresse drücken und unterrühren.

Fruchtaufstrich

500 g Beeren
250 g Agavendicksaft

Die Beeren mit dem Agavendicksaft unter ständigem Umrühren bei geringer Hitze kochen, bis die gewünschte Konsistenz erreicht ist.

Varianten:
- 1 TL Apfelpektin zum stärkeren und schnelleren Eindicken hinzufügen.
- Zum Eindicken ein paar Apfelschalen hinzufügen, die vor dem Einfüllen in Gläser wieder entfernt werden. Sie enthalten Apfelpektin.
- Durch ein feines Sieb passieren, wenn Sie keine Beerenkerne im Aufstrich haben möchten.

Dattel-Fruchtaufstrich

5 große, weiche Datteln
500 g Beeren
250 g Agavendicksaft

Die Datteln durch eine Knoblauchpresse drücken und mit den restlichen Zutaten kochen, bis die gewünschte Konsistenz erreicht ist.

Variante:
- 500 g Sauerkirschen anstelle der Beeren einkochen.

Nachspeisen

Erlaubtes Obst, frisch und ohne Zutaten, ist die gesündeste Nachspeise. Ein Obstsalat sollte vor dem Verzehr nicht lange stehen. Wenn Sie Obst nachsüßen möchten, nutzen Sie auch den guten Geschmack der folgenden Süßungsmittel:

- **Agavendicksaft** wird aus der Agave gewonnen und schmeckt fast neutral.
- Kanadischer **Ahornsirup, Grad A**, schmeckt aromatisch aber milder als Grad B oder C, die es hier seltener zu kaufen gibt.
- **Dinkelsirup** bekommt man nur im Reformhaus oder Bioladen. Er schmeckt leicht nach Nuss und Karamell.
- **Honig** vertragen die meisten Betroffenen, aber möglicherweise nicht jeden. Für Eiscreme ist Honig ungeeignet, denn er wird durch Kälte hart.
- **Malzzucker** und **Gerstenmalz** schmecken nussig und aromatisch.
- **Palmzucker** schmeckt karamellisiert und wird flüssig oder in Kristallform angeboten.
- **Rohrzucker, Rohrohrzucker** und **Ursüße** werden, anders als weißer Zucker, aus Zuckerrohr gewonnen und haben einen leichten Karamellgeschmack.
- **Stevia** wird aus der Steviapflanze gewonnen. Man kann aber auch die getrockneten Blätter verwenden. Ein kalorienfreier Süßstoff.
- **Zuckerrübensirup** wird aus der Zuckerrübe gewonnen und hat einen starken Eigengeschmack. Er wird gerne für Weihnachtsgebäck wie Lebkuchen u. a. verwendet. Ich finde aber, dass man ihn das ganze Jahr über verwenden kann.

Bei allen nachfolgenden Rezepten kann das Süßungsmittel nach Geschmack ausgetauscht werden. Das wird nicht jedes Mal erwähnt.

Quarkspeise

250 g Quark (40 %)
1 Bechertasse Milch
Rohrohrzucker

Den Quark mit Milch cremig rühren und mit Rohrzucker nach persönlichem Geschmack süßen.

Varianten:
- Statt Milch Sahne hinzufügen, vor allem, wenn Magerquark genommen wird.
- Fast jedes erlaubte Obst schmeckt in einer Quarkspeise.

Milchreis im Bett garen

4 Tassen Milch, 1 Tasse Milchreis
1 Prise Salz, Rohrohrzucker

Die Milch aufkochen, den Milchreis und das Salz hinzufügen und aufkochen. Den Topf anschließend in ein oder zwei Handtücher wickeln, ins Bett stellen und gut zudecken. Nach etwa 2 Stunden ist der Milchreis gar, ist nicht angebrannt und hat wenig Strom verbraucht. Würde man ihn auf dem Herd kochen, müsste er zudem häufig umgerührt werden.
Milchreis hat einen eigenen süßen Geschmack, der für viele Menschen schon ausreicht. Deshalb sollte man ihn probieren und erst dann mit Zucker abschmecken. Um ihn ganz heiß zu servieren, kann er noch mal kurz aufgekocht werden.

Varianten:
- Etwas Schlagsahne in den fertigen Milchreis einrühren.
- Mit Zimt und Rohrohrzucker würzen.
- Vor dem Servieren Rosinen einrühren.

Pudding

½ Liter Milch
40 g Maisstärke
2 EL Zuckerrübensirup

Die Maisstärke in etwas Milch auflösen, den Rest der Milch aufkochen und von der Herdplatte nehmen. Die aufgelöste Maisstärke und den Zucker mit einem Schneebesen einrühren, nochmals auf den noch warmen Herd stellen, kurz aufkochen.
Wer die Haut nicht mag, muss den fertigen Pudding während des Erkaltens mit einer Kuchenfolie belegen.

Varianten siehe Folgeseite

Varianten:
- Ein Eigelb in die Milch einrühren.
- Einen Esslöffel Macadamiamus hinzufügen.

Eiscreme

150 g Beeren
1 Tasse Milch
½ Tasse Sahne
Agavendicksaft nach Geschmack

Die Beeren in der Milch pürieren, mit der Sahne verrühren und mit Agavendicksaft abschmecken.
Wichtig beim Eisherstellen in einem Gefrierschrank oder einer -truhe ist das häufige Rühren beim Einfrieren, vor allem zu Beginn. Für Eisliebhaber gibt es Eismaschinen, sie kühlen und rühren gleichzeitig und schon nach etwa 20 Minuten ist das Eis verzehrbereit.
Natürlich lässt sich die fertige Eiscreme für das spätere Genießen in Portionen einfrieren.

Varianten:
- Schmeckt besonders gut mit Heidelbeeren.
- Einen Teelöffel Macadamiamus hinzufügen.

Joghurt Eiscreme

1 Becher Joghurt, pur
Beeren, nach Geschmack, tiefgekühlt
1 EL Macadamiamus
Agavendicksaft

Im Joghurt die erlaubte Beerenmenge pürieren und mit Macadamiamus und Agavendicksaft abschmecken. Wenn es nur wenige Beeren sind, in der Kühltruhe weiter erkalten lassen, dabei gelegentlich umrühren.

Kuchen und Gebäck

Kuchen

Einige Hinweise vorab:

- Für jeden Kuchen können Sie den Teig abschmecken. Backpulver hat jedoch einen intensiven Geschmack, der erst beim Backen verschwindet. Fügen Sie dieses daher erst nach dem Abschmecken zu. Wie süß ein Kuchen sein darf, richtet sich nach dem persönlichen Geschmack.
- Butter kann selbstverständlich auch gegen laktosefreie Margarine ausgetauscht werden, wenn zusätzlich eine Laktoseintoleranz besteht.
- Rohrzucker kann durch alle anderen Süßungsmittel (Seite 184) ersetzt oder ergänzt werden.
- Die Backzeiten sind genauso ofenabhängig wie die Temperaturen. Deshalb sind die Angaben in diesem Buch nur Richtwerte.
- Fast jedem Kuchen kann man ein appetitliches Aussehen verleihen, wenn man etwas Traubenzucker mit einem feinen Sieb darüber streut.
- Die meisten Kuchen lassen sich portionsweise einfrieren und können dann bei Bedarf aufgetaut und gegessen werden.

Portionsgrößen und Backformen

Wenn Sie nur einen kleinen Kuchen für eine Person backen möchten, können Sie fast alle Rezepte halbieren. Dafür benötigen Sie aber kleinere Backformen. Diese kann man kaufen oder selbst basteln.

- Jede Kastenform lässt sich verkleinern. Dafür die Form zunächst mit Backpapier auskleiden. Außerhalb des Papiers, an eine Seite der Backform, einen Becher oder eine Tasse legen und damit den für den Teig verfügbaren Platz verkleinern. Der Becher oder die Tasse muss aus Porzellan oder Keramik sein. Beide halten problemlos die Hitze aus.
- Für kleines rundes Gebäck gib es Tortenringe aus Metall. Diese werden einfach auf ein Backblech oder in eine größere Backform gestellt. Die Größe kann dann individuell eingestellt werden. Die kleinste Kuchenform passt gut auf einen flachen Essteller, der dann als Kuchenplatte dienen kann.

Nadelprobe

Um zu erkennen, ob ein Kuchen fertig gebacken ist, steckt man eine lange Nadel, zum Beispiel eine Metallstricknadel oder einen Metallspieß in den vermeintlich fertigen Kuchen. Ist er tatsächlich fertig gebacken, bleibt nichts daran hängen. Ein Schaschlikspieß aus Holz ist ebenfalls geeignet.

Mürbeteig

150 g kalte Butter
80 g Rohrohrzucker
250 g Dinkelmehl Type 630
3–5 EL Milch

Alle Zutaten mit dem Knethaken zu einem Teig verkneten, Flüssigkeit nach und nach dazugeben (mit der Flüssigkeitsmenge ein bisschen spielen – die Masse sollte gerade so klebrig sein, dass der Teig gut zusammenhält).

Mit diesem Teig lassen sich unterschiedliche Kuchen backen:

- Den Teig in einer kleinen Springform verteilen, nach Belieben mit Obst, beispielsweise mit Äpfeln, belegen und bei 160 °C Heißluft etwa 15–20 Min. goldbraun backen.
- Nur den Tortenboden backen und diesen mit frischem Obst belegen. Dieses Obst statt mit einem Tortenguss, der möglicherweise nicht vertragen wird, mit Pudding übergießen (siehe folgendes Rezept).

Pudding-Kuchen

Boden:
300 g Dinkelmehl Type 630
100 g Rohrohrzucker
200 g kalte Butter
1 Prise Salz
Belag:
45 g Maisstärke
2 EL Rohrohrzucker
500 ml Milch

Alle Teigzutaten zu einem Mürbeteig verkneten, auf einem Backblech verteilen, im Backofen etwa 20 bis 30 Minuten bei 160 °C hellbraun backen und aus dem Backofen holen.
Für den Puddingbelag die Maisstärke und den Rohrzucker in etwas Milch auflösen, die Milch erwärmen, die aufgelöste Stärke hinzufügen und mit einem Schneebesen umrühren. Den Pudding abschmecken und noch warm über den fertigen Boden gießen.
Wer mag, kann den Puddingbelag verdoppeln. Leider lässt sich dieser saftige Kuchen, vor allem beliebt bei Kindern, nicht einfrieren.
Wer keine Haut auf dem Pudding mag, sollte den Kuchen während des Erkaltens mit einer Küchenfolie bedecken.

Variante:

- Zwischen dem Boden und dem Pudding schmeckt Obst, zum Beispiel Heidelbeeren.

Käsekuchen

Mürbeteig:
250 g Dinkelmehl Type 630
125 g Butter
125 g Zucker
ca. 5 EL Milch
Belag:
45 g Maisstärke
300 g Sahne
500 g Quark
150 g Rohrohrzucker
2 EL Honig

Aus Mehl, Butter, Zucker und Milch einen Mürbeteig kneten und in einer Springform verteilen. Den Teigrand etwas hochdrücken.
Die Maisstärke in die Sahne einrühren, die restlichen Zutaten hinzufügen, gegebenenfalls mit etwas mehr Zucker abschmecken und auf den Teigboden gießen.
Die Backzeit beträgt 60 bis 70 Minuten bei 160 °C Heißluft. Den Kuchen noch eine Weile im offenen, abgeschalteten Ofen stehen lassen.

Streuselkuchen

Teig:
250 g Quark (20 %)
8 EL Milch
8 EL Rapsöl
75 g Rohrohrzucker
1 Prise Salz
400 g Dinkelmehl Type 630
1 Päckchen Weinsteinbackpulver
Streusel:
300 g Dinkelmehl Type 630
200 g Rohrohrzucker
200 g Butter
Salz

Den Quark mit Milch, Öl, Zucker und Salz verrühren und das Mehl zusammen mit dem Backpulver hinzufügen, zu einem Teig kneten und ruhen lassen.
Für die Streusel die Butter nicht schmelzen. Alle Zutaten werden gemeinsam zu Streuseln geknetet. Ich mache es zuerst mit den Quirlen des Handmixers, knete mit den Händen dicke Klumpen, die ich dann mit den Knethaken des Handmixers zerkleinere. Anschließend stelle ich die Streusel in den Kühlschrank, denn sie lassen sich besser auf dem Teig zerkrümeln, wenn sie kalt sind.
Die Streusel auf dem Teig verteilen und den Kuchen bei 180 °C etwa 20 bis 30 Minuten backen.

Varianten:

- Geschälte und gewürfelte Äpfel auf den Boden legen und erst dann die Streusel darüber verstreuen.
- Nach dem Backen mit einem feinen Sieb etwas Puderzucker darüber streuen.

Zuckerkuchen

500 g Quark (20 %)
16 EL Milch, 16 EL Rapsöl
150 g Rohrohrzucker
½ TL Salz
800 g Dinkelmehl Type 630
2 Päckchen Weinsteinbackpulver

Belag:
1 Becher Schmand
150 g Rohrohrzucker

Den Quark mit Milch, Öl, Zucker und Salz verrühren und das Mehl, mit dem Backpulver vermischt, dazugeben. Zu einem Teig kneten und ruhen lassen.
Diesen Teig auf einem gefetteten Backblech verteilen und bei 180 °C Heißluft etwa 15 Minuten gebacken. Aus dem Ofen nehmen, auf den noch heißen Kuchen den Schmand streichen, der zuvor mit dem Zucker gesüßt und abgeschmeckt wurde, und weitere fünf bis zehn Minuten backen.

Varianten:
- In der Winterzeit passt auch etwas Zimt in den Teig oder den Belag.
- Dem Belag etwas gehackte Macadamianüsse hinzufügen.

Crumble mit Cranberry und Äpfeln

2 bis 3 große Äpfel, z. B. Boskop
100 g Cranberrys, frisch oder gefroren
1 TL Zimt
Streusel:
100 g Butter, kalt
75 g Zucker, 1 Prise Salz
200 g Dinkelmehl Type 630

Crumble ist ein englisches Rezept und wird als Nachspeise, aber auch als Kuchen gegessen. Eigentlich funktioniert dieses Rezept mit fast jedem Obst, aber Äpfel sind der Klassiker. Die Äpfel werden geschält, in Würfel geschnitten und mit den Cranberrys und Zimt vermischt.
Die Butter mit dem Zucker, dem Dinkelmehl und der Prise Salz zu Streuseln vermengen.
Das Obst in eine Auflaufform füllen und mit den Streuseln bestreuen. Im Backofen bei 160 °C Heißluft etwas 30 bis 40 Minuten backen. Die Streusel müssen hellbraune Stellen haben. – Eine Köstlichkeit, die schnell zubereitet ist.

Varianten:
- Wer es süßer mag, kann die Äpfel etwas zuckern.
- Statt mit Zucker mit klein gehackten weißen Rosinen oder Dattelstücken süßen.

Litschi-Kuchen

125 g kalte Butter
100 g Zucker
250 g Dinkelmehl Type 630
1 Prise Salz
etwa 3 EL Milch
Belag:
½ Liter Milch
45 g Maisstärke
2 EL Rohrohrzucker
1 winzige Prise Salz
Litschis

Die Butter in Stücke schneiden, in eine Schüssel geben und die trockenen Zutaten mit der Butter verkneten. Das geht sehr gut mit der Küchenmaschine oder dem Handmixer und dem Knethaken oder mit den Händen. Bei Bedarf etwas Milch hinzufügen.
Den Teig in einer Obsttortenform verteilen und bei 180 °C Heißluft etwa 20 Minuten backen.
Für den Belag in einem Viertel der Milch die Stärke verrühren und den Rest der Milch aufkochen, den Zucker und das Salz hinzufügen und kurz vor dem Kochen den Rest der Milch mit dem eingerührten Stärkemehl hinzufügen. Bei geringer Hitze unter ständigem Umrühren kochen.
Nach dem Erkalten des Tortenbodens die Litschis darauf verteilen und mit dem noch warmen Pudding übergießen.
Gekauftes Puddingpulver enthält meistens für empfindliche Menschen unverträgliche Zutaten. Und der sonst übliche Tortenguss ist oft unverträglich. Der mit Maisstärke selbstgemachte Tortenguss schmeckt hervorragend und passt auf jede frische Obsttorte.

Varianten:

- Statt mit Litschis mit frischen, entkernten Süßkirschen belegen.
- Statt mit Litschis mit erlaubten Beeren belegen, gegebenenfalls tiefgefrorene Beeren verwenden.

Quarkölteig-Apfeltaschen

8 Stück

Füllung:
2 große Äpfel
1 EL Ahornsirup
Teig:
250 g Quark (40 %)
75 g Rohrohrzucker
1 Prise Salz
8 EL Milch
8 EL Rapsöl
400 g Dinkelmehl Type 630
1 Päckchen Weinsteinbackpulver

Die geschälten Äpfel in kleine Würfel schneiden und im Ahornsirup dünsten. Sie sollten aber nicht zu weich sein.
Aus Quark, Zucker, Salz, Milch und Öl eine Creme rühren und das Mehl mit dem Backpulver einkneten. Nach einer Ruhezeit von etwa zehn Minuten den Teig in eine dicke Rolle formen und in acht Portionen einteilen.
Jede Portion mit den Händen erst zu einer Kugel formen und diese dann auf einem Holzbrett flach drücken, sodass sie einen Durchmesser von 10 bis 12 cm bekommt. Den Teig noch einmal hochnehmen, damit er nicht zu sehr auf der Arbeitsfläche klebt. In die Mitte der Teigscheiben jeweils einen Esslöffel gedünstete Apfelwürfel legen und eine Teighälfte über die andere klappen. Die Taschen sehen jetzt wie Halbmonde aus. Die Kanten mit den Fingern zusammendrücken, so dass sie gut verschlossen sind. Bei 160 °C Heißluft etwa 20 Minuten hellbraun backen.

Varianten:
- Die Äpfel mit 2 MSP Zimt würzen.
- Zu den Äpfeln 2 EL Rosinen geben.

Quarkölteig-Stückchen

250 g Quark (40 %)
125 g Rohrohrzucker
6 EL Rapsöl
10 EL Milch
3 EL Macadamiamus
500 g Dinkelmehl Type 630
1 Päckchen Weinsteinbackpulver
1 Prise Salz
1 Tasse Macadamianüsse, kleingehackt

Den Quark mit den Flüssigkeiten, dem Macadamiamus und dem Zucker verrühren, das Mehl, Backpulver und Salz hinzufügen und alles zu einem Teig kneten. Zum Schluss die gehackten Macadamianüsse einkneten und den Teig etwa 10 Minuten ruhen lassen.
Danach etwa ½ cm dick ausrollen, Formen ausstechen oder Quadrate schneiden und auf einem Backpapier bei 160 °C Heißluft etwa 10 Minuten backen. Ein schnelles und delikates Teegebäck.

Variante:
- Nach dem Backen mit etwas Konfitüre bestreichen und bald servieren.

Quarkölteig-Zopf

1 Bechertasse Rosinen,
ca. 200 ml Milch
500 g Quark (40 %)
125 g Rohrohrzucker
ca. 150 ml Rapsöl
500 g Dinkelmehl Type 630
2 Päckchen Weinsteinbackpulver
½ TL Salz

Die Rosinen in warmer Milch etwa eine Stunde einweichen und die Milch für den Teig verwenden.
Den Quark mit den Flüssigkeiten und dem Zucker verrühren, das Mehl, Backpulver und Salz hinzufügen und zu einem Teig kneten. Die Rosinen einkneten und den Teig etwa zehn Minuten ruhen lassen.

Danach dritteln, zu drei Rollen formen und einen kleinen Zopf daraus flechten. Diesen auf einem Backpapier bei 160 °C Heißluft backen, bis er hellbraun wird. Er schmeckt lauwarm oder kalt.

Variante:

- Statt Rosinen kleingehackte Datteln verwenden. Diese ebenfalls in der warmen Milch einweichen.

Quark-Öl-Dinkel-Rosinenbrötchen

250 g Quark (40%)
125 g Rohrohrzucker
7 EL Rapsöl
10 EL Milch
500 g Dinkelmehl Type 630
1 Päckchen Weinsteinbackpulver
1 Prise Salz
1 Tasse Rosinen

Den Quark mit den Flüssigkeiten und dem Zucker verrühren, das Mehl, Backpulver und Salz hinzufügen und zu einem Teig kneten. In den Teig die Rosinen einkneten und etwa zehn Minuten ruhen lassen. Während der Ruhezeit den Backofen auf 180 °C Heißluft vorheizen.
Die Rolle in acht bis neun Stücke schneiden, diese einzeln zu Kugeln formen, auf einem Backblech verteilen, die Backhitze auf 160 °C reduzieren und die Rosinenbrötchen etwa 30 Minuten backen.

Varianten:

- Die Rosinen in heißem Wasser etwa eine Stunde einweichen.
- Statt Rosinen getrocknete Sauerkirschen verwenden.
- Macadamianüsse hacken und unterkneten.
- Vollkornmehl verwenden, allerdings mit 50 bis 100 g weniger Mehl.

Joghurt-Rosinenbrötchen

½ Tasse Rosinen oder Korinthen
1 Becher (125 g) Naturjoghurt
1 Prise Salz
4 EL Rapsöl
40 g Zucker
250 g Dinkelmehl Type 630
1 gestrichener TL Weinsteinbackpulver

Die Korinthen etwa eine halbe Stunde in etwas heißem Wasser einweichen, abgießen und das Einweichwasser auffangen.
Den Joghurt mit dem Salz, dem Öl, vier Esslöffeln Rosineneinweichwasser und dem Zucker verrühren. Das Mehl mit dem Backpulver und den Rosinen unterrühren, den Teig zu einer Rolle formen und zehn Minuten ruhen lassen.
Inzwischen den Backofen vorheizen, die Rolle in vier Stücke schneiden, vier Kugeln formen und bei 160 °C Heißluft etwa 30 Minuten backen.

Varianten:

- Macadamianüsse hacken und die Brötchen vor dem Backen darin wälzen.
- 4 bis 6 Macadamianüsse durch die Knoblauchpresse drücken und in den Teig geben.

Nektarinen-Muffins

125 g Butter
75 g Zucker
ca. 350 ml Milch
300 g Dinkelmehl Type 630
1 Päckchen Weinsteinbackpulver
1 Prise Salz
2–3 Nektarinen

Butter und Zucker schaumig schlagen und die Milch hinzufügen. Das Mehl mit dem Backpulver und Salz vermischen und alles zu einem Teig verrühren. Die Nektarinen halbieren, entkernen, würfeln und unter den Teig mischen. Den Teig in Muffin-Formen einfüllen und etwa 20 Minuten bei 160 °C Heißluft backen.

Plätzchen

Plätzchen sind schnell gebacken, haltbar, praktisch und schmecken das ganze Jahr über. Praktisch sind sie, weil sie, in einer Dose aufbewahrt, schnell zur Hand sind. Bei Einladungen habe ich deshalb immer eine kleine Dose in der Handtasche.

Nusstaler

30 g Maisstärke
30 g Macadamianüsse
1 Prise Salz
30 g Zuckerrübensirup

Die Macadamianüsse durch eine Knoblauchpresse drücken und mit den restlichen Zutaten zu einem festen Teig kneten.
Aus dem Teig kleine Rollen formen, diese mit einem scharfen Messer in dünne Scheiben schneiden, auf einem Backblech verteilen und nur sieben bis acht Minuten bei 160 °C Heißluft backen.
Wer möchte, kann auch den Teig dünn ausrollen und Plätzchen ausstechen.

Variante:
- Etwas Zimt dazu macht die Plätzchen weihnachtlicher.

Heidesand

250 g Butter, zimmerwarm
200 g Rohrohrzucker
400 g Dinkelmehl Type 630
½ Päckchen Weinsteinbackpulver
3 bis 5 EL Milch

Alle Zutaten zu einem Teig kneten, vier bis sechs Rollen formen und 1–2 Stunden kaltstellen. In dünne Scheiben schneiden, auf einem Backblechen verteilen und bei 160 °C Heißluft nur etwa zehn bis zwölf Minuten backen.

Rosinenplätzchen

4 EL weiße Rosinen
3 EL Zuckerrübensirup
8 EL sehr klein gehackte Macadamianüsse
2 MSP Zimt
3 EL Dinkelmehl Type 630

Die Rosinen durch eine Knoblauchpresse drücken und mit den restlichen Zutaten vermengen. Das geht am besten mit einem Teigschaber, den man zwischendurch mit einem Messer von der klebrigen Masse befreit.
Daraus kleine Kugeln formen, diese platt drücken und bei 160 °C Heißluft etwa zehn bis zwölf Minuten backen.

Süßes Naschwerk

Manchmal muss es ganz schnell gehen. Dafür sind die nachfolgenden Rezepte gut geeignet. Die Kugeln sind ein köstliches Konfekt und schmecken das ganze Jahr über. Für Liebhaber dieser Naschereien geben die folgenden Rezepte Anregungen, sie kreativ zu variieren und neue Kombinationen auszuprobieren.

Rosinen-Kugeln

1 Teil Macadamianüsse
1 Teil Rosinen

Die Macadamianüsse durch eine Knoblauchpresse drücken, ebenso die Rosinen und beide miteinander vermischen. Das Verhältnis zueinander kann beliebig verändert werden, je höher der Nussanteil, desto weniger süß und umso fester werden die Kugeln.

Dattel-Kugeln

10 Datteln
½ Tasse Macadamianüsse
1 EL Zuckerrübensirup
Zimt

Die Datteln entkernen, grob zerkleinern und durch eine Knoblauchpresse drücken, ebenso die Macadamianüsse. Den Zuckerrübensirup und den Zimt dazugeben und alles zusammen zu einer festen Masse verkneten. Gegebenenfalls weitere Macadamianüsse hinzufügen. Kleine Kugeln formen und in Zimt wälzen.

Kandierte Macadamianüsse

Macadamianüsse
Agavendicksaft
Zimt

Den Agavendicksaft fünf Minuten kochen, die Macadamianüsse hinzufügen und den Zimt darüber streuen. Kurz danach verklumpt der karamellisierte Agavendicksaft mit den Nüssen. Die Masse auf einem Backpapier verteilen und erkalten lassen. Vorsicht, die Nüsse sind sehr heiß.

Miniwörterbuch

Zum Verständnis medizinscher Fachbegriffe kann dieses Minilexikon hilfreich sein.

Allergen allergieauslösender Stoff

Anamnese Krankengeschichte. Die systematische Befragung durch einen Therapeuten

Befund negativ alles in Ordnung

Befund positiv etwas Negatives also Krankes wurde gefunden.

Candida Pilze

DAO Diaminoxidase

Darmflora Zusammensatzung der Mikroorganismen (Bakterienbesiedlung) im Darm – meistens ist damit der Dickdarm gemeint.

Darmsanierung Zuführung (Einnahme) gesunder Darmbakterien

Diagnose die Erkenntnisse über die Symptome einer Krankheit und die systematische Benennung der Erkrankung (Quelle DocCheck / Flexikon)

Diaminoxidase DAO

Dickdarm Darmabschnitt nach dem Dünndarm

Dünndarm Darmabschnitt zwischen Zwölffingerdarm und Dickdarm

Dysbiose fehlbesiedelte oder schlechte Darmflora, also falsche Zusammensetzung der Mikroorganismen

Hereditär angeboren und erblich

HIT Histaminintoleranz

Histamin körpereigenes Gewebshormon

Histamin-N-Methyltransferase HNMT

HNMT Histamin-N-Methyltransferase

Intestinalflora schlechte Darmflora, also falsche Zusammensetzung der Mikroorganismen

Intestinal zum Darm gehörend

Intestinalmykose Pilze im Dickdarm

Intoleranz Unverträglichkeit

Malabsorption schlechte Aufnahme von Nahrungsmitteln

Polypen meist gestielte, gutartige Ausstülpungen der Schleimhaut
probiotisch Mikroorganismen, meistens Laktobakterien, die für die Darmflora gut sind
Praebiotische / prebiotische Arznei Ballaststoffe, die die Darmflora unterstützen
Rezidivierend wiederkehrend
SIBOS Small Intestine Bacterial Overgrowth Syndrome = Bakterien im Dünndarm
Symptome Krankheitszeichen
Syndrom Krankheitsbild

Fachgeschäfte

Zuerst sollte man natürlich den örtlichen Handel unterstützen und dort einkaufen. Scheuen Sie sich nicht zu fragen, ob etwas für Sie bestellt werden kann. Sie sparen auf jeden Fall die Versandkosten und haben einen Ansprechpartner.
In Naturkostläden und Reformhäusern bekommen Sie die für Sie geeigneten Lebensmittel, die sicherlich auch für Sie bestellt werden.
Fragen Sie bei Obst und Gemüse immer, wie lange es schon im Laden liegt. An der Fleischtheke oder beim Schlachter bekommen Sie Auskunft über die Frische von Wurst oder Fleisch.

Internetadressen

Selbsthilfegruppen:

www.shg-hit.de
www.histaminintoleranz.ch
www.histaminbase.at
www.frulakco.at

Interessante Informationen:

Notfallatmung bei einem Asthmaanfall: www.luft-zum-leben.de
Ärztliche Fachinformation über Histaminintoleranz und Laboruntersuchung der Darmflora: www.ganzimmun.de
Alte Apfelsorten: www.bund-lemgo.de
Ein gutes Online Wörterbuch: dict.leo.org
Bio-Öle: www.bioplanete.com und www.oelmuehle-solling.de

Dörrgeräte, Getreidemühlen: www.luba.de
Kochbücher, Diätbücher, Gesundheitsratgeber: www.buchhandel.de, www.hädecke.de sowie in Ihrer Buchhandlung, in der Sie kompetent beraten werden.

Quellenangaben

Dieses Buch wurde für medizinische Laien geschrieben. Manche komplizierten Mechanismen im Körper habe ich nur einfach beschrieben, denn Ihnen geht es sicherlich vor allem darum, mit der Histaminintoleranz ein zufriedenes und gesundes Leben zu führen und nicht komplizierte medizinische Zusammenhänge zu verstehen.
Sehr viele Fakten und Erfahrungen konnte ich in vielen Jahren in meiner Naturheilpraxis sammeln. Ergänzend waren für mich folgende Quellen wichtig:
Über das Antibiogramm und den CRP-Test: DocCheck / Flexikon (Internet)
Globuli-Dosierungen und Wirkungen der Einzelmittel: Deutsche Homöopathie-Union, Karlsruhe (DHU), Homöopathisches Repetitorium
Ausführliche medizinische Fachinformation: GANZIMMUN Diagnostics AG, Mainz (Fachinformation 0004)

Danke

Meinem Mann Timur ein besonderer Dank, denn er hat mich, wie immer, unterstützt und bei diesem Buch sogar auf gemeinsame Unternehmungen an den Ostertagen verzichtet. Da mir der Fehlerteufel im Nacken sitzt, bin ich ihm, Beate und Margitta sehr dankbar für das sorgsame Lesen und Korrigieren meines Manuskripts.
Danke vor allem an das Verlagslektorat, das mich unterstützt, die von uns übersehenen Fehler entdeckt und die Schlussredaktion durchgeführt hat.

In derselben Reihe erschienen:

Gut leben mit Fructoseintoleranz
von Nora Kircher

Ganzheitliche Behandlung
über 120 Rezepte
174 Seiten, ISBN 978-3-7750-0717-7

Milchallergie und Laktoseintoleranz
von Nora Kircher

Praktischer Ratgeber mit
über 150 Rezepten
175 Seiten, ISBN 978-3-7750-0710-8

Milchfrei leben
Glutenfrei leben
Von Nora Kircher

Ratgeber bei Laktoseintoleranz und Zöliakie
– mit über 150 Rezepten
128 Seiten, ISBN 978-3-7750-0711-5

Glutenfrei und
laktosefrei backen
von Nora Kircher

Über 100 erprobte Rezepte und viele Tipps
für Brote, Kuchen und Plätzchen
117 Seiten, ISBN 978-3-7750-0716-0

Leben ohne Gluten
von Nora Kircher

Praktischer Rategeber mit
über 150 Rezepten
186 Seiten
ISBN 978-3-7750-0709-2

Leben mit Blutverdünnern
von Nora Kircher

Gesunde Ernährung mit
wenig Vitamin K
über 180 Rezepte
179 Seiten
ISBN 978-3-7750-0715-3

Cholesterinarm leben
von Nora Kircher

Praktischer Ernährungs-
ratgeber bei zu hohen
Blutfettwerten
über 150 Rezepte
141 Seiten
ISBN 978-3-7750-0714-6

Die Natursalz-Apotheke
von Nora Kircher

Heilkräfte des weißen
Goldes. Unterschiede und
Wirkungen der verschiede-
nen (Kristall-)Salze.
96 Seiten
ISBN 978-3-7750-0712-2

Purinarm leben
von Nora Kircher

Natürliche Hilfe und die
richtige Ernährung bei
Gicht – mit über 130
Rezepten
134 Seiten
ISBN 978-3-7750-0713-9

Die Buchreihe der Edition GesundheitsSchmiede gibt kompetenten Rat und praxisnahe Informationen einer erfahrenen Heilpraktikerin. Viele einfache Rezepte und Tipps für den Alltag helfen den Betroffenen, ein Stück Lebensqualität zurück zu gewinnen. Alle Bücher sind im Buchhandel erhältlich.

Ausführliche Informationen erhalten Sie kostenlos und unverbindlich bei
Hädecke Verlag GmbH & Co. KG, D-71256 Weil der Stadt
Tel. +49(0)7033-138080 / Fax -1380813
www.haedecke-verlag.de